MARION BERGERON

Après des études de graphisme, Marion Bergeron, à 24 ans, a postulé chez Pôle Emploi presque par hasard, sans trop y croire, pour six mois de CDD. Elle nous livre son expérience dans *En CDD à Pôle Emploi : 183 jours dans les coulisses du système* (paru chez Plon en 2010 sous le titre *183 jours dans la barabarie ordinaire - En CDD chez Pôle emploi*).

Retrouvez l'auteur sur son blog :
www.183jours.blogspot.com/2010/08/lauteur-marion-bergeron.html

MARION BERGERON

EN CDD À PÔLE EMPLOI

183 jours dans les coulisses du système

PLON

Cet ouvrage a précédemment paru sous le titre :
183 jours dans la barbarie ordinaire

MIXTE
Papier issu de sources responsables
FSC® C003309
FSC
www.fsc.org

Pocket, une marque d'Univers Poche, est un éditeur qui s'engage pour la préservation de son environnement et qui utilise du papier fabriqué à partir de bois provenant de forêts gérées de manière responsable.

ISBN : 978-2-266-22002-6

Avertissement avant lecture

Je me prénomme Marion. Ce n'est pas un pseudonyme. J'ai été recrutée par Pôle Emploi alors que j'avais vingt-quatre ans et aucune expérience ni dans le secteur de l'emploi ni dans celui de l'insertion. J'ai fait partie des 1 840 CDD de six mois embauchés en avril 2009 pour faire face à la crise. Je livre ici mon expérience qui n'a rien d'une parole d'évangile. Chez Pôle Emploi, malgré tous les efforts de monsieur Christian Charpy pour aboutir à un semblant de normalisation, rien ne diffère plus d'une agence qu'une autre agence. Mon témoignage est unique. Il n'est pas le reflet d'un fonctionnement national. Les demandeurs que j'ai rencontrés sont inimitables. Ce sont les habitants d'une banlieue parisienne aux allures de ghetto. Ils n'ont rien en commun avec la population du XIVe arrondissement de la capitale, pourtant si proche, ni avec celle de la Creuse ou de la Corse. Mes collègues, ma direction, mes bureaux, mes employeurs ne peuvent servir d'exemple. Ils ne sont qu'un bref éclair dans la nuit noire de la France en crise.

Chers lecteurs, ne vous vautrez pas dans la fange des généralités. Rien n'est jamais si simple avec la réalité.

Les faits relatés sont rigoureusement exacts. Pour des raisons légales, tous les patronymes ont été modifiés.

Le métro, deux changements, la dernière station de la ligne, marcher le long de la grande route, trois commerces désaffectés, un immeuble à démolir, une station-service, un ivrogne qui tente de m'agripper, un fleuriste spécialisé dans les compositions funéraires, un grand immeuble sale, un porche en béton et un autocollant ANPE détrempé.

J'entre. Une lumière jaune étouffante et des cris. Une grosse femme, énorme, engoncée dans un manteau en plastique noir trop petit, fait de grands moulinets avec ses bras. Sa figure rouge aboie des insultes à toute l'assistance. Elle ne veut pas s'en aller. Elle veut faire ses photocopies. Les agents de l'ANPE ne sont que des imbéciles, et elle veut qu'ils le sachent. Elle braille et se démène, attrape le poignet d'une jeune femme qui lui demande de sortir. Elle hurle. On lui hurle dessus. « Allez-vous-en ! Ça suffit ! »

Je reste figée au milieu de la pièce. C'est mon premier jour. Je viens de passer la matinée à regarder les aiguilles de la pendule tourner au siège des ressources humaines de Pôle Emploi. Et me voilà, dans mes nouveaux bureaux, dans la banlieue sud de Paris, plantée entre une folle hurlante, deux ou trois badauds et mes collègues furibonds, avec, sur le dos, un tailleur pantalon de viscose noire beaucoup trop chic.

L'espace d'un instant. Quelques secondes à peine. J'hésite. Si je m'enfuis. Maintenant. Personne ne le saura. Personne ne m'en voudra.

Mais on me demande déjà qui je suis. Et l'on tombe des nues d'apprendre qu'il y a une nouvelle recrue. Personne n'est au courant, pas même la directrice adjointe. Je débarque donc, comme un cheveu sur la soupe, entre une rixe et l'indisponibilité de mes collègues. Marine prend l'initiative. Petite, rousse, jeune, jean délavé et tee-shirt bleu ciel trop grand. Elle me fait signe de la suivre et je pénètre la partie « privée » de l'agence. Même lumière jaune.

Bureau après bureau, elle me présente. Sourires gênés. Regards en coin. « La pauvre, elle est arrivée en plein milieu du clash à l'accueil. »

Une espèce de grande brune irascible se plante en face de moi. Me barrant le passage. Mains sur les hanches. « Alors ? C'est quoi ton parcours ? Tu as déjà bossé en agence ? Comment ça ? Tu n'as aucune expérience ? Voilà ce qu'ils nous envoient ! Et tu sais que tu es mieux payée ? Nous, on a passé un concours ! » La douche froide. Elle me récite son discours syndicaliste. Je ne suis pas de la direction. Elle s'en moque. La petite rousse tente de la calmer. Rien n'y fait. Toute son amertume et sa frustration se déversent. Sur moi. Un flot de méchancetés ponctué de deux ou trois « Mais ce n'est pas ta faute ». Avec mon grand sourire collé sur ma figure, je me dis que je savais à quoi m'attendre. Le travail, ce n'est pas une sinécure. Et devenir conseillère à l'emploi, en plein milieu de l'explosive fusion Assedic/ANPE et de la crise financière, n'était pas le pari le plus aisé. La grande brune n'en finit pas de me remplir les oreilles de son dégoût. Elle se prénomme Estelle. Elle porte un pantalon kaki mal coupé et un débardeur crème qui lui brouille le teint. Ses cheveux mous tombent sur ses yeux et elle est obligée de les plaquer sur le côté entre chaque phrase pour ne pas les manger. Elle pourrait être jolie, silhouette mince et traits réguliers. Mais ses épaules sont voûtées et son visage, trop allongé, donne l'impression de dégouliner. Comme elle a manifestement un besoin irrépressible de se purger, je fais bravement semblant de l'écouter. J'arrive même à placer un « Ce n'est pas faux » qui m'offre le soulagement d'un petit fou rire intérieur. À la guerre comme à la guerre !

Je n'ai pas le temps de faire connaissance avec le reste de l'équipe. Entretien avec la directrice adjointe. La cinquantaine, petite, brune, potelée et souriante. Avec ses lunettes et son pull de grand-mère, elle pourrait tout aussi bien être institutrice, secrétaire de direction ou assistante sociale, mais forcément estampillée service public. Elle a ce petit goût de fonctionnaire. Poussière et savon au citron. Elle n'a pas mon CV et je lui explique mon parcours. Sept postes sont vacants dans l'agence, alors même si j'avais été vendeuse spécialisée dans les poissons exotiques, elle aurait été contente. Elle me trace le cadre administratif de mon poste : le pointage sur fichier Excel, les RTT, les Tickets-Restaurant, et tout un tas de précisions parfaitement ennuyeuses mais ô combien essentielles. Comment ça ? Prise de poste à huit heures quarante-cinq ? Je vais être en retard tous les matins, ça commence vraiment bien.

Elle me prend un rendez-vous pour la visite médicale. Avec tous les CDD que j'enchaîne, en bonne moins de vingt-cinq ans à situation professionnelle flexible, cela doit bien être ma troisième visite annuelle de l'année. C'est alors qu'il se produit une sorte de dysfonctionnement. Geneviève est là, assise devant son ordinateur. Face à Outlook. Avec le mail pour la visite. Et je me rends compte qu'elle ne sait pas mettre un destinataire en copie. Elle hésite. Elle doute. Elle s'embourbe. Poliment, j'apprends à ma supérieure la manœuvre, il est vrai si complexe, qui permet de mettre le directeur de l'agence en copie dudit mail. Un grand vide s'ouvre devant moi, et je n'ai d'ailleurs toujours pas compris comment elle avait pu survivre jusqu'ici sans savoir se servir de sa messagerie.

Enfin, elle tente de me dessiner l'organisation de l'agence. Elle me perd dans sa jungle de sigles et se rend bien compte que je ne comprends rien ni à la PST, ni à la ZTT, ni au PPAE. Je ne suis pas du métier. Je ressors de son bureau avec mes neurones dans un petit seau. Tous mélangés. Dans le couloir, je jette un coup d'œil au planning : SI, AA, SMPS, etc. Mon premier défi : apprendre à parler Pôle Emploi.

J'ai droit à un joli casier. Mais pas à un bureau. D'ailleurs, personne n'en a. Ici, les conseillers sont volants. Rien à voir avec Superman. Les bureaux sont affectés à une fonction et non à un fonctionnaire. Il y a les bureaux d'entretien, les bureaux de base arrière, les bureaux administratifs, etc. Chaque agent se déplace de pièce en pièce. Une pile de dossiers sous le bras. La tasse à café coincée entre le menton et l'épaule. En baladant son « chien ». Rien à voir avec la brigade canine. Mes collègues se promènent en tirant un casier à roulettes. Au début, j'ai cru que l'on déménageait. Ce petit bloc tiroir qui contient le kit de survie – une agrafeuse et des agrafes, quelques stylos, un bloc Post-it, deux kilos de dossiers et trois de documentation – a hérité du surnom un brin affectueux et cordialement ironique de « chien ».

Pas question de me voir remettre ce privilège à roulettes pour le moment. En tant que débutante, je vais être cantonnée à l'AA. L'Accueil Actif. En première ligne. Dans la zone de libre accès. Là où la grosse femme hurlait des horreurs. Il paraît que c'est le meilleur endroit pour apprendre. Vivement demain !

Il ne fait vraiment pas beau à Paris en ce moment. Je ne suis pas en avance. Pas le temps pour un café. Je file à mon poste. En doublon avec Marine. Qui est plutôt sympathique. Mais un peu étrange. Impossible de deviner son âge. Je lui donne dans les vingt ans et, l'instant d'après, elle prend l'air d'en avoir trente. Perchée sur un bureau-comptoir minuscule, elle me montre rapidement le logiciel interne. Une petite usine à gaz moche et pas pratique mais qui regorge d'informations exaltantes. En vingt clics, je peux savoir où vous habitez, si vous avez été absent à une convocation dans les dix dernières années, pourquoi vous avez perdu votre dernier emploi, les dates de vos inscriptions aux Assedic et, bien sûr, le montant de vos indemnités.

Les demandeurs font la queue. La pièce est sale. La lumière du jour ne traverse pas la couche poussiéreuse de la baie vitrée. De toute manière, il ne fait pas beau. Se présentent à l'accueil les simples convocations aux rendez-vous, qu'il faut faire sagement patienter, et les questions. En majorité, ce sont des questions auxquelles nous ne pouvons pas répondre. Des questions d'argent. Des questions sur les indemnités chômage. Des questions Assedic. Et c'est là que tout se complique. Un gros nœud tout sale et poisseux. Parce que l'ANPE et les Assedic n'existent plus. Il y a eu une fusion. Il y a eu Pôle Emploi. Mais Pôle Emploi n'est qu'un monstre de papier. Tout poisseux.

Marine éclaire rapidement ma lanterne. Je ne suis pas sur un site Pôle Emploi, je suis sur un site ex-ANPE, c'est-à-dire Pôle Emploi Placement. Mes collègues étaient tous, il y a quelques mois encore, des agents de l'ANPE. Et il existe un site ex-Assedic, Pôle Emploi Indemnisation, à deux stations de métro. Le site Pôle Emploi dans sa plénitude théorique, qui réunirait géographiquement ex-ANPE et ex-Assedic, existe. Il est juste en face, ils finissent les travaux. Mais nous ne pouvons pas nous y installer car les syndicats refusent de signer les accords. La fusion et la création de Pôle Emploi ont été annoncées tambour battant dans les médias. Tout le monde pense maintenant que l'on peut venir indifféremment aux Assedic ou à l'ANPE. Mais ce n'est pas possible. Ici, nous ne connaissons rien de l'indemnisation. Alors ? Alors nous distribuons des plans photocopiés et les demandeurs vont aux Assedic.

Je ressors mon petit seau pour ramasser mes neurones éparpillés. Il y en a plein partout. Jusque sur la grande affiche qui, en face de nous, annonce : « En 2009, l'ANPE et les Assedic deviennent Pôle Emploi pour mieux vous accompagner dans votre recherche d'emploi ou vos recrutements. »

Moi, je suis un agent Pôle Emploi. Comme tous les petits nouveaux recrutés en CDD pour pallier le manque d'effectifs et la déferlante de la crise. Je suis un hybride. Mes horaires, mes droits, mon salaire et ma mission sont différents de ceux de mes collègues. C'est pour cela que je note mes horaires au jugé sur un ridicule fichier Excel. La pointeuse ne me connaît pas. Elle ne comprend pas mes trente-sept heures trente hebdomadaires. C'est frustrant, cette machine qui vous snobe. Soit elle n'a pas suivi cette histoire de fusion, soit elle est syndiquée.

***

Il est dix heures. C'est mon deuxième jour. Et je m'ennuie déjà. Il n'y a pas grand monde. À cause du temps, sûrement. Pendant que les rendez-vous s'enchaînent dans les box, je n'ai guère mieux à faire que de me promener dans l'intranet. Tous les menus sont rédigés dans cette langue de sigles abscons dédiée à l'ANPE. Je me perds un peu plus à chaque clic. Les sept jours de formation promis à mon embauche auraient dû m'en livrer les clefs. Mais, en raison d'une affluence de nouvelles recrues, les formateurs sont en sous-effectif. L'attente est de plus d'un mois. D'ici là, j'aurai appris toute seule. Si j'arrive à sortir de l'intranet.

Les demandeurs ne sont pas sympathiques. Ils ne nous aiment pas. Et nous le font sentir. Rares sont ceux qui font l'effort d'un bonjour. Et je sens dans leur regard tout le mal qu'ils pensent de moi. Ma seule position derrière le comptoir d'accueil fait de moi une hôtesse de bas étage. Une petite chose un peu bête incapable de comprendre leur problème et avec qui il faut être autoritaire. Certains ne m'adressent même pas la parole. Ils se contentent de balancer leur convocation sur le pupitre. Marine me laisse seule. Il paraît que je me débrouille bien. Mais, sous ma surface de nouvelle recrue sympathique et de bonne volonté, je perds pied. Je ne comprends rien à ce que je fais. Je cours dans tous les sens. Je m'épuise inutilement.

À onze heures, l'accueil est plein comme un œuf. Je compte douze clampins dans ma file d'attente. Personne ne vient me prêter main-forte. Dans la zone de libre accès, la ZLA, juste à côté de mon bureau-comptoir, quatre hommes et une femme pianotent mollement sur les ordinateurs. L'affichage papier des annonces n'existe plus depuis 2007. Toutes les offres sont sur le Net. Sur le site de Pôle Emploi. À ma gauche, un vieux monsieur noir fait ses photocopies. Il en a tout un paquet. Derrière lui, une femme maghrébine, à mi-chemin entre la prostituée et la SDF, trépigne. Elle se retient un instant. Puis pose ses papiers. Ajuste son collant. Agrippe le monsieur. Et lui hurle à la figure un chapelet d'injures racistes. « Sale Noir ! Tu pues ! » Mon cœur rate un battement. La lumière vire au rouge foncé. Le vieux monsieur a été éjecté, avec tous ses papiers. Il ne dit rien. Moi non plus. Marine, qui traverse la pièce à cet instant, me glisse à l'oreille que c'est une habituée, qu'elle craque de temps en temps, qu'elle va finir par s'en aller. L'atmosphère est électrique. Chacun retient son souffle. La prostituée SDF continue de maugréer toute seule ses insanités. Il n'y a pas de grand vigile baraqué pour la mettre dehors. Chacun attend religieusement que la tempête passe, les yeux rivés sur les motifs géométriques du carrelage orange. Décidément, la photocopieuse est l'objet de toutes les discordes. Heureusement que nous avons droit à une pause-déjeuner.

Dans le petit restaurant sombre et démodé, la tablée Pôle Emploi est la plus nombreuse, la plus bruyante. L'heure du déjeuner n'attire pas les foules, peu d'entreprises occupent le secteur. En fait, dans ce fichu secteur, il y a surtout des chômeurs. Je tiens parfaitement mon rôle de petite nouvelle. Chaleureuse et souriante, j'essaie de ne pas trop en faire. Quand mes collègues évoquent avec passion les programmes télévisés de la veille et les mérites comparés de l'Olympique de Marseille et du Paris-Saint-Germain, je reste de marbre et me contente de hocher bravement la tête. La plupart d'entre eux sont relativement jeunes. À peine la trentaine. Dont une majorité écrasante de femmes. Elles ont toutes des enfants, un mari qui aime le football et une grosse télévision dans leur salon. Elles habitent la banlieue et mettent le moins souvent possible les pieds à Paris. Pas d'expositions. Pas de restaurants. Pas de musées. Pas de livres. Pas de balades aux Invalides. Pas d'après-midi sous les arbres du jardin du Luxembourg. Je sais ce que nous n'avons pas en commun, et je devine qu'il va me falloir une sacrée dose de bonne volonté pour débusquer quelques terrains de complicité. Elles évoquent mes mésaventures à l'accueil. Entre mon arrivée en pleine bataille et l'altercation du matin, j'écope d'une réputation de porte-poisse. Elles me racontent comment, dans une autre agence, une conseillère a démissionné dès sa première semaine parce qu'un DE – un Demandeur d'Emploi, encore du jargon maison – lui avait craché au visage. C'est comme si elles m'autorisaient à m'enfuir. Comme si elles comprenaient que l'on ne tienne pas le coup. Avec la crise, avec le chômage, avec la fusion, les demandeurs sont de plus en plus violents. Elles, elles ont l'habitude.

Entre le dessert et le café, j'ai un petit pincement au cœur. Je n'ai rien à faire ici. Je n'ai jamais caressé l'idée de travailler ni pour l'ANPE ni pour les Assedic. Ni dans une quelconque administration, d'ailleurs. Je me suis tout bonnement retrouvée en fin de droits, au bout du rouleau des indemnités chômage. Avec mon diplôme de fabricante de livres et mes rêves de graphiste. Avec le choix entre McDonald's et Pôle Emploi. J'ai postulé par hasard, avec l'espoir secret de ne pas être embauchée. À ma table, elles ont toutes réussi un concours. Elles y ont mis de l'envie et de la volonté. Elles y ont cru, au moins quelques mois. Certaines y croient encore.

Pas moi. Je veux rentrer chez moi. Retrouver la douce liberté de l'oisiveté. Faire l'amour avec mon homme.

Dormir. Monter deux ou trois projets artistico-délirants. Créer, par pure charité, un site Web qui compare efficacement les offres des fournisseurs d'accès Internet. Faire des plans sur la comète et la sieste à quinze heures. Je veux partir en courant de Pôle Emploi sans m'arrêter jusqu'à chez moi. Jusqu'à notre petit appartement. Un studio avec de larges baies vitrées qui s'ouvrent sur un jardin calme et verdoyant. Un studio dont il faut payer le loyer. Maudit loyer ! La question est réglée. Je n'ai pas d'alternative. Je dois travailler. C'est parti pour un après-midi en ZTT.

La Zone de Traitement Technique se situe en base arrière, l'espace privé inaccessible aux demandeurs d'emploi. Petite Latino piquante et plantureuse, Lætitia est pleine d'entrain. C'est une jolie femme. Avec un sourire solaire et des yeux rieurs. Son chemisier plein de couleurs lui va parfaitement. Elle travaille à Pôle Emploi depuis quatre ans. Elle me montre le traitement des offres d'emploi déposées sur le site Internet par les entreprises. Remplir les formulaires. Rappeler le recruteur pour vérifier ses coordonnées. Lui expliquer qu'il ne peut pas exiger dix ans d'expérience à bac + 4 pour le SMIC. Qu'il ne peut pas réclamer la nationalité française. Qu'il ne peut pas demander aux femmes, aux Noirs, aux Arabes, aux Asiatiques, aux végétariens, aux moins de trente ans et aux plus de quarante de s'abstenir de postuler.

Je n'avais pas saisi l'utilité du module Discrimination prévu dans ma formation. Je comprends en silence qu'il s'agit d'apprendre à convaincre les chefs d'entreprise et autres chargés de ressources humaines de ne pas en faire. De la discrimination. Pas un jour ne passe sans qu'une offre douteuse vienne se prendre dans les filets des conseillers. Et non seulement les recruteurs tiennent à ces critères malodorants, mais en plus ils s'en prennent aux compétences des conseillers qui ne parviennent pas à débusquer le petit Blanc trentenaire surdiplômé et expérimenté qui rêve de faire du bénévolat dans un bureau sans fenêtre. Entre les demandeurs loqueteux et les petits patrons nauséabonds, je suis servie.

Dans le bureau sombre, le visage bleuté par l'ordinateur, Lætitia brasse son anxiété entre son débit de mitraillette et son penchant à s'affairer sur mille détails en même temps. Papiers et Internet, les candidatures affluent. Je suis prévenue. Si je consacre plus de cinq minutes à une candidature, je n'aurai jamais le temps de toutes les boucler. Le site s'engageant pour nous sur un traitement en quarante-huit heures, pas question de lambiner. J'ai donc droit à une magnifique démonstration du conseiller-robot. Lætitia parcourt CV et lettres de motivation à la recherche de mots-clefs. Son objectif : s'assurer que tout correspond au contenu de l'offre. En clair, pour passer la présélection Pôle Emploi, il suffit de recopier l'annonce. En évitant de faire des longueurs aux chapitres motivation ou projet personnel, le robot s'en moque. Il risque de se gripper devant vos envolées lyriques. Les candidatures qui font preuve d'originalité ou d'audace ont d'ailleurs toutes les chances de se retrouver archivées dans le gros classeur jaune intitulé « Florilège » qui dort dans un coin avec un léger sourire moqueur aux lèvres.

C'est étrange. Mes collègues sont débordés. Ils courent dans les couloirs, font des moulinets avec leurs bras en parlant, s'agacent et trépignent. Mais je me rends compte qu'ils passent aussi de longs moments à ne rien faire. Ils discutent du programme des vacances, se racontent par le menu leurs entretiens de la matinée, comparent les prix des aspirateurs d'occasion sur Internet, fument, et fument encore. Le rythme de travail est décousu. À dix-sept heures trente, tout s'arrête, les bureaux se vident, interdiction de faire des heures supplémentaires. À dix-huit heures trente, les accès au serveur sont automatiquement coupés. Même avec une vocation biblique à but non lucratif, impossible de continuer à travailler. Je passe le reste de l'après-midi à hésiter sans cesse entre me plonger à corps perdu dans la rédaction des convocations urgentes et une pause-café-clope au bord de la route, sous l'autocollant détrempé.

Je rentre la tête vide. Notre appartement est en chantier. Un gros tas de papier peint décollé et humide prend racine au milieu de la pièce. Mon homme se bricole un sandwich au fromage sur le coin de la table. Roquefort. Gorgonzola. Emmental. Il n'en revient pas du récit de ma journée. Mais, à part m'écouter, il ne peut pas grand-chose pour moi. Je m'endors mal à l'aise, hantée par le réveil du lendemain.

***

Le métro, la grande route et mes chaussures sont pleins de poussière. J'ai troqué mon tailleur contre un uniforme jean, tee-shirt, baskets. Plus adéquat pour passer toute une journée dans le brasier de l'accueil. Le matin avec Marine, l'après-midi avec Estelle. Elles n'ont pas vraiment le temps de me prendre par la main. Et elles ont bien l'intention de profiter de ma présence pour éviter de rester trop longtemps au charbon. Il y a du monde. Beaucoup de monde. L'usine tourne à plein régime. Et elle est pleine de grains de sable. Un petit monsieur qui vient chercher des renseignements sur les formations me hurle dessus. Je ne suis pas assez rapide à son goût. Une jeune femme vient se plaindre de ne jamais recevoir d'offres de la part de son conseiller. Elle soupire bruyamment et tourne les talons sans me répondre quand je lui montre les ordinateurs disponibles pour sa recherche. Deux hommes se disputent dans la file d'attente. L'un a manifestement doublé l'autre. Estelle les laisse faire. Elle se penche juste un peu plus par-dessus son comptoir pour entendre ce que lui raconte la petite dame qui vient pour la radiation de son fils. À seize heures trente, je relève enfin la tête. J'ai mal aux pieds. Un petit jeune en tongs brandit sa radiation sous mon nez. « C'est quoi ça ? » Son dossier indique qu'il ne s'est pas présenté au dernier entretien. Il me répond qu'il avait autre chose à faire. J'essaie de comprendre de quoi il retourne. Il s'énerve. Je lui donne le formulaire de réclamation. Qui demande de détailler les motifs de l'absence. Il ne veut pas. Il vocifère qu'il n'a pas à se justifier. Et que nous n'avons pas le droit de le radier. Je voudrais lui tordre le cou. Estelle a disparu. La colère me monte au nez. Je lui rétorque sèchement qu'il n'a qu'à se limiter à indiquer qu'il ne souhaite pas être radié. J'esquive une gifle. Il quitte l'agence. Le formulaire de réclamation n'a pas survécu. Il est en miettes sur le carrelage. Il est dix-sept heures. Je ferme l'accueil. Et rejoins mes collègues qui prennent vaguement le thé dans la cuisine. Mon histoire ne les choque pas. Elle est manifestement d'une banalité affligeante. Personne n'y peut rien. Je quitte mon travail par la porte de derrière. Et rejoins le métro au pas de course. Me retournant tous les cent mètres dans la crainte d'apercevoir une paire de tongs. Ce fut une des pires journées de ma vie.

Mon homme rentre à la maison avec une mine de cadavre. Il n'a pas passé une bonne journée. Lui non plus. Une histoire de dossier informatique perdu. Il voudrait me raconter tout cela. Sa collègue incompétente. Sa patronne chaotique. Ses dossiers mal classés. Mais la gifle que j'ai évitée de justesse est bien trop grosse. Elle prend toute la place. Au milieu du lit.

*
* *

Sept heures trente, dans la salle de bains. Huit heures trente, dans le métro. Neuf heures au GU. Le Guichet Unique, sur le site des Assedic. Pour les entretiens d'inscription.

Les imprimantes n'ont pas de papier. Cela commence bien. Henry a oublié d'en prendre la veille dans nos bureaux. C'est le grand n'importe quoi de la fusion. Les agents de l'ANPE se déplacent aux Assedic pour faire les entretiens d'inscription dans la foulée des entretiens indemnisation. Plus précisément, la partie placement de cet entretien. Les demandeurs ne se déplacent qu'une fois. C'est apparemment plus pratique. Sauf quand on n'a plus de papier. Après tractations, nos collègues Assedic daignent nous prêter une ramette. D'ici à ce que nous puissions nous servir un café dans leur cuisine, la partie n'est pas gagnée. Il règne une franche animosité entre ANPE et Assedic. Les deux organismes ont des fonctionnements très différents. Les métiers et les méthodes sont inconciliables. Et les individus, devant la remise en cause de leur statut, se crêpent cordialement le chignon. Chacun défend son pré carré. Les Assedic ne veulent pas perdre leur confort. L'ANPE sa posture sociale.

Je découvre les locaux. À deux stations de métro des nôtres. Sur la même grande route. Spacieux, propres. Avec une vraie lumière du jour. Et même quelques rayons de soleil sur le sol. Un permis de démolir est placardé sur la porte. La grande surface voisine a décidé de s'agrandir.

Au milieu de toute cette lumière, Henry est un fossile. Plus de vingt ans de maison. Un visage sillonné de rides, taché de fatigue. Une calvitie de cheveux blancs. Une chemise jaune ceinturée dans un pantalon de flanelle beige. À l'ancienne. Et des mocassins en similicuir. L'idée de me former ne l'enchante pas, il préférerait rester dans son coin. Il me confie sa lassitude. Ses mains tremblent. Le logiciel l'oblige à d'incessantes pirouettes. En entretien, renseigner les champs obligatoires le contraint à des questions idiotes. À chaque nouvelle interrogation saugrenue, il voit sa crédibilité fondre comme neige au soleil. Quand arrive la fin du rendez-vous. Quand il doit faire signer l'acceptation du Plan de Retour à l'Emploi, il renonce. Trop ridicule.

Pourtant, il continue. Et enchaîne les entretiens. Nourrissant méthodiquement le logiciel retors. De temps en temps, entre deux écrans à valider, les données disparaissent. Sans crier gare. Tout l'entretien part en fumée, consumé dans les méandres virtuels d'un serveur fou. Il faut recommencer. Encore. L'état civil. La formation. L'expérience. Le dernier emploi. Le demandeur redéroule sous nos pieds le fil de sa vie. Dans le petit bureau sans porte. Ses échecs. Ses doutes. Ses choix. En accéléré. Tout est gâché. Pour finir, c'est l'agrafeuse qui refuse de fonctionner. Henry s'énerve. Ses doigts palpitent. Sa frustration et sa colère glissent sur la grosse bête de métal agonisante. Il s'acharne, souffle et râle. J'ai beau lui dire que cela n'a aucune importance. Le demandeur a beau supplier en silence que l'on en finisse. Henry ne renonce pas. Il dépense ce qu'il lui reste d'énergie dans ce vain combat contre l'agrafeuse.

Il perd pied. Doucement. Avec juste ses mains qui s'affolent. Comme un galet pas assez lourd qui coule mollement. À force d'entretiens, de réunions, de violence, de mépris. À une année de la retraite. Une toute petite année. Il n'y arrivera pas. Son petit sourire me perce le cœur. Il me semble contempler un mort au fond de sa tombe.

***

Le vendredi, c'est réunion. Habituellement, il s'agit d'une petite réunion de service sans encombre. Mais cette semaine, c'est exceptionnel. Sûrement parce que je suis là. Une grande réunion. Extraordinaire. Primordiale. Avec un grand patron. Et tout plein de revendications. Les conseillers ne sont pas satisfaits, ni de leurs conditions de travail, ni des objectifs qui leur sont imposés, ni de la trépidante fusion. Ils veulent le faire savoir. Ils sont impatients. Ils sont électriques.

La grande salle se remplit en bouillonnant. Les petits groupes arrivent par vagues. Je ne connais personne. Les quelques collègues avec qui j'ai passé un peu de temps sont bien trop occupés. Je rejoins les fumeurs, agglutinés sur l'escalier de secours. À l'extérieur, tout est plus simple. Je peux rester seule. La dégustation de ma cigarette justifie mon silence. J'ai le droit, un instant, sous le couvercle du ciel bas et gris, de ne pas faire semblant d'être parfaitement à l'aise.

Une grande blonde toute sèche fait son entrée. Son tailleur affiche son statut de cadre dirigeant. Tout le monde s'installe. La rumeur monte. Le grand patron n'est pas là. La grande blonde n'est apparemment qu'une potiche sans pouvoir. Quelques conseillers se lèvent, ils veulent partir. Ils demandent confirmation. Le grand patron va-t-il venir ? Elle leur répond avec l'aplomb et l'innocence d'une statue de marbre qu'il n'a jamais été question de la présence d'un quelconque patron. Et la responsable qui avait annoncé l'événement aux troupes se couvre elle-même de boue en bégayant qu'elle a sûrement mal compris. Le malaise et la confusion submergent la pièce. Tant bien que mal, la réunion commence. Et la statue de marbre tente de réciter sa petite présentation sympathiquement institutionnelle de la fusion. Elle ne finit pas sa troisième phrase. Les huées l'interrompent. Au petit bonheur, les agents prennent la parole pour égrener leurs mécontentements. Les imprimantes qui ne fonctionnent pas. Les bureaux sans porte. Les logiciels obsolètes. Les objectifs intenables. J'apprends avec stupéfaction que mes collègues gèrent des portefeuilles d'au minimum cent cinquante demandeurs actifs, c'est-à-dire qu'il leur faut les recevoir tous les mois. Les plannings informatiques ne génèrent que seize plages de rendez-vous par semaine. Un rapide calcul. Il faudrait des mois de dix semaines pour appliquer le suivi mensuel. La colère monte. Les collègues exigent l'allégement des portefeuilles. La colère palpite. Ils dénoncent la régule. Ces faux entretiens que l'on enregistre pour nourrir le logiciel. Ces suivis par mail ou par téléphone qui remplacent les face-à-face. La colère déborde. Les responsables et la statue de marbre ne veulent rien savoir. La régule n'existe pas. Les objectifs sont réalistes. Pendant un long moment encore, mes collègues vont se débattre et s'époumoner pour dire leur souffrance. Mais personne ne les écoute. Au milieu de la tourmente, la statue papote avec la femme couverte de boue.

Ce matin, mes yeux m'ont trahie. Ils se sont mis à pleurer. Tout seuls. De grosses larmes. Assise en face de moi, une femme en tailleur bleu océan a détourné le regard, par pudeur. Les travailleurs du lundi matin entassés dans la rame de métro moite m'ont laissée avec mes larmes. Un épais mur de silence s'est installé. Au terminus, j'ai renoncé. Je n'y suis pas allée. Je suis retournée me cacher dans mon lit.

Mes nerfs ont atteint leurs limites. En une semaine. Sans que je m'en aperçoive. Pôle Emploi m'a noyée à l'accueil, sous une déferlante sans fin de visages malveillants, agressifs et anonymes. J'y ai passé une vingtaine d'heures. À me perdre dans l'intranet pour répondre aux questions. À expliquer le pourquoi du comment d'une radiation. À redouter de voir la prostituée SDF franchir de nouveau la porte. À me retenir de partir en courant à la moindre paire de tongs. À essuyer le mépris et la colère. À éviter les coups. J'ai cru que ce n'était pas grave. Je me suis dramatiquement surestimée. Un médecin pris au hasard dans l'annuaire m'a prescrit un arrêt. Et j'ai dormi. Pendant trois jours. Un sommeil blanc. Sans rêves.

C'est samedi, et le tas de papier peint a disparu du sol de notre appartement. Les murs sont blanc immaculé.

Quelques meubles ont même pris leurs quartiers. Mon homme s'ébroue tranquillement sur la terrasse. Il a fini ses exercices. Pompes sur les poings, abdominaux, étirements. Il a décidé de me changer les idées et envisage la soirée avec goût : restaurant asiatique et petite fête qui tombent à point nommé. L'anniversaire d'un ami. Un bar dans l'ombre du Panthéon. Des visages souriants. Des boissons colorées. Un peu de musique. Quelqu'un me demande ce que je fais dans la vie. Sa bouche marque un temps d'arrêt. Puis j'ai droit à une petite dissertation sur l'inutilité, l'incompétence, la malveillance de mon employeur et de l'Administration en général. « Franchement, l'ANPE ne sert pas à grand-chose. » Je ne perds pas mon temps dans de vaines explications. Je reprends un petit verre coloré. Bleu et jaune. Une collègue m'avait prévenue. Il y a longtemps, elle préférait dire qu'elle était au ministère du Travail. Certains prétendent qu'ils sont chargés de recrutement. D'autres évitent tout simplement la question. Les demandeurs ne sont pas les seuls à mépriser l'ANPE. Le sens commun tient pour acquis que le ramassis de privilégiés qui exerce à Pôle Emploi ne vaut pas grand-chose.

Et pourtant, j'y suis retournée le lundi suivant. Parfois, je me demande ce qui me passe par la tête. Personne ne s'est offusqué de mon absence. Tout le monde s'est montré attentionné. J'ai raconté une histoire sur un éventuel problème de thyroïde. Compliquée mais sans conséquence, l'excuse parfaite. Ma période d'essai n'a pas été remise en question. Les arrêts maladie sont nombreux, quotidiens. Personne ne tient vraiment le coup. Les trente-cinq jours de congé ne suffisent pas.

Je prends mon temps pour végéter dans un bureau. L'intranet est toujours aussi labyrinthique. Il se prénomme Alice. La référence au pays des merveilles est complètement ridicule. Je tente d'avoir une vision d'ensemble de ce que l'on appelle les parcours. Lorsqu'un nouveau demandeur pointe sa frimousse, il faut l'intégrer dans un parcours. En fonction de son projet. Mais aussi de sa capacité à retrouver plus ou moins rapidement un emploi. Et, bien évidemment, tout cela est codifié en sigles. Du chinois. Une conseillère aguerrie est capable, en un coup d'œil au dossier, de savoir, grâce à cette classification secrète, à qui elle a affaire. À la machette, j'arrive à un début de déchiffrage. La jungle des parcours se divise en trois : les appuis ou APP, les très-en-difficulté dont je ne trouve pas le sigle et les FORM, en formation. En clair, il semble que tous les demandeurs soient en appui. Sauf ceux qui sont en formation, et ceux qui sont très loin d'un quelconque travail. Je découvre également une catégorie pour les créateurs d'entreprise. Mais si je la prends en compte, cela fait quatre parcours différents. Il est clairement indiqué qu'il n'en existe que trois. Je n'y comprends rien.

Le rôle du conseiller dans cette classification scientifique des espèces de chômeurs : « Évaluer la distance à l'emploi du sujet. » Je me doute bien qu'il ne s'agit pas du tout d'une question de kilomètres. Mais impossible de me procurer la moindre information. Alice reste muette. Je tente donc la question à la première collègue qui me passe sous le nez. Pas de bol, c'est Paulette. Cinquantenaire à grosses lunettes, elle ne sourit pas, parle peu et choisit toute sa garde-robe dans les pages « Classique » du catalogue de La Redoute. Je ne renonce pas pour autant. Ses gros yeux myopes clignent de stupéfaction. Plusieurs fois. Comme pour s'assurer que, non, il ne s'agit pas d'une hallucination, une petite nouvelle pose vraiment une question qui n'a rien à voir avec la localisation des toilettes. Elle essuie rapidement son menton où un filet de salive commençait à couler et se lance. Les demandeurs n'ont pas tous les mêmes capacités à trouver un emploi. Et il ne s'agit pas là de la qualité de leur formation ou de leur expérience, ni du marché du travail dans leur branche, mais de leur aptitude à chercher un emploi. Consulter les offres. Rédiger un CV. Une lettre de motivation. Téléphoner. Se présenter à un entretien. Nombre d'entre eux n'ont ni accès à Internet ni compétences de base pour l'utilisation un ordinateur. Beaucoup s'expriment mal en français et sont incapables de comprendre en quoi consiste un CV. Ils n'ont pas le téléphone. Ignorent tout de la date d'aujourd'hui. N'ont pas de crayon et habitent à des kilomètres intellectuels de la première imprimante. Ils ont découvert avec les journaux gratuits du métro que Patrick Poivre d'Arvor n'était pas le seul à tout savoir de ce qui se passe en France. Ils ignorent toujours que, s'ils restent assis dans le métro suffisamment longtemps, ils arriveront à Paris.

Les demandeurs sont une bande de loqueteux sans adresse mail. Et nous devons évaluer combien de mauvais points ils cumulent au petit jeu de la recherche d'emploi. Afin de les orienter. Afin de s'en débarrasser.

Car si Pôle Emploi ne prend pas en charge les demandeurs haut de gamme – ils se débrouillent en général pour trouver un emploi dans les trois mois qui précèdent la mise en place du suivi mensuel ou sont orientés vers l'Apec qui se charge des cadres –, il se débarrasse également des plus mauvais dans la grosse canalisation tentaculaire des prestataires. Évidemment, je n'avais aucune chance de trouver tout cela dans l'intranet. Paulette, sur sa lancée, me déroule un panorama des prestations, des prestataires, des conditions d'orientation, des modalités de suivi. La nouvelle marée de sigles asphyxie mes neurones. Et, afin de préserver mon unité centrale, mes synapses coupent toutes les communications.

Je m'en retourne à mon bureau avec une épine dans le

pied. Quelque chose qui me dérange douloureusement. Le travail, tel que nous sommes supposés l'exercer, n'existe pas. C'est une chimère de papier, et les méthodes, les règles, les objectifs, les contrôles sont factices. Ils n'ont pas de sens. Ils sont irréalistes, inatteignables, inapplicables, illogiques. Nous ne pouvons pas recevoir tous nos demandeurs. Nous ne pouvons pas leur fournir l'accompagnement personnalisé vendu par nos dirigeants comme le remède miracle au chômage. Si par malheur les conseillers, l'espace d'une journée, s'en tenaient à appliquer méthodiquement le cahier des charges, Pôle Emploi se briserait net. C'est le règne de la magouille. Tout le monde triche. Tout le monde fait autrement. Pas pour faire mieux, ni plus vite, ni plus efficace. Juste pour faire. Faire le travail. Faire ce que nous pouvons. Coller des pansements et poser des perfusions. En priant pour que rien ne s'écroule. Mon épine se trouve juste là. Quelle satisfaction mes collègues peuvent-ils trouver ici ? Qu'est-ce qui leur donne la force, chaque matin, semaine après semaine, de quitter leur lit pour rejoindre ces bureaux noyés de poussière collante, d'agressivité et de mépris ?

La porte du bureau me claque aux oreilles. Marine, toute rouge, braille. « Il y a des places Afpa ! » S'engouffre dans le bureau suivant. « Il y a des places Afpa ! » Mes synapses se rebranchent. Le teint de Paulette vire au bleu. Elle saisit son chien-tiroir. En arrache un dossier. Et part en courant. Les conseillers se ruent dans le couloir et disparaissent dans les box d'entretiens. Je me demande un instant si Afpa n'est pas le sigle pour « attaque nucléaire ».

Mais mes collègues reviennent tranquillement. Mon visage doit avoir la forme d'un point d'interrogation car on s'empresse de m'expliquer. L'Afpa est un organisme de formation conventionné. Nos demandeurs peuvent en bénéficier gratuitement tout en maintenant leur allocation. Mais les places sont rares. Afin d'y accéder, il faut décrocher un rendez-vous. C'est au conseiller de prendre ce rendez-vous pour son demandeur. La file d'attente est longue comme la vallée de la Mort. Marine a découvert quelques plages libres dans le logiciel de gestion des rendez-vous. Dix plages libres. Mes collègues valident en moyenne une quinzaine de projets. Chacune. Finalement, la formation n'est pas forcément une idée rentable pour alléger son portefeuille.

Je profite de l'agitation pour sortir. Le ciel est définitivement gris. Cécilia est déjà en train d'allumer sa cigarette. C'est ma conseillère préférée. Celle que je cherche en priorité pour répondre à mes questions et pour partager un café. C'est un petit bout de femme aux traits tirés. D'origine portugaise. Peau mate et iris bruns. La trentaine. Un peu jolie. Un peu fatiguée. Toujours en jean. Qui s'intéresse au monde qui l'entoure. Fait toujours preuve de bienveillance et de disponibilité. Et n'hésite pas à taper du poing sur la table quand il le faut. Une perle rare. À qui je peux confier mes états d'âme et mes questions de débutante.

Elle rigole toute seule sur le bord de la route. Un demandeur lui a laissé une lettre à l'accueil. Dans un français douloureux, il lui raconte qu'il aimerait bien lui offrir un café ou une bière car elle a l'air d'être « le genre de personne idéale pour sortir avec », et conclut brillamment sur son numéro de téléphone et un petit cœur. Depuis plusieurs jours, il hante les locaux en se faisant plus ou moins passer pour quelqu'un qui y travaille. Il donne des conseils à ses comparses qui consultent les offres sur les ordinateurs ou qui tentent de téléphoner de la cabine. Avec son bermuda et ses lunettes grasses, son gros ventre mou et son allure de petit garçon, il a tout d'un bon parti. Le fou rire qui nous gagne dure le temps de nos cigarettes. Celui-là est définitivement très éloigné de l'emploi, mais semble avoir d'autres préoccupations.

*
* *

Encore une demi-journée d'accueil. En bonne petite nouvelle, j'ai droit au poste le plus difficile. Et j'y ai droit tous les jours. Aujourd'hui, il y a beaucoup d'entretiens. Je prends les convocations. Localise le conseiller qui y correspond. Le préviens. Et fais patienter le demandeur. Cela paraît simple. Cela ne l'est pas. Une jeune femme blonde, cheveux courts, se présente. Avec quinze minutes de retard. Sa conseillère refuse de la recevoir. Sauf qu'elle ne se lève pas de sa chaise pour le lui expliquer. Je dois m'en charger. Et la jeune femme n'est pas contente du tout. Quand je lui donne la fiche de liaison à remplir pour expliquer son retard et éviter une radiation, elle s'énerve franchement. Sort de ses gonds. Et me hurle dessus. « C'est la faute du bus ! » Elle exhibe son ticket. Et me fait le numéro de la pauvre chômeuse qui a dépensé son budget alimentaire de la semaine pour se payer le trajet. Sachant que, dans le pire des cas, elle habite à moins de trente minutes à pied de son agence. Mais ces détails pratiques ne la gênent pas. Il n'y a pas grand-chose qui la gêne, d'ailleurs. Elle me crie que je ne suis qu'une sale pute. M'attrape par le bras. Me secoue comme un prunier. Personne ne réagit. Les demandeurs de la file d'attente, n'écoutant que leur courage, se gardent bien d'intervenir. Et pas un collègue ne montre le bout de son nez. Je me sens toute petite et toute bête. Je ne sais pas quoi faire. Comme ma maman m'a bien élevée, je ne peux décemment ni lui répondre ni lui coller ma main dans la figure. Mes nerfs font des petites boules au bout de mes doigts. Je tremble. Une vague de sueur me glace les reins. Samia, une grande collègue brune qui n'a pas l'habitude de se laisser faire, décide finalement d'intervenir. Sort de son bureau. Salue poliment la folle furieuse. Et l'emmène dans un bureau. Personne ne vient me relever. Les altercations à l'accueil sont quotidiennes, s'il fallait changer le personnel chaque fois, on ne s'en sortirait pas. Je suis donc censée continuer. Avec mon cœur qui cogne pour sortir de ma poitrine. Personne suivante.

La file d'attente est interminable. Je dois, simultanément, comprendre ce que baragouine la personne en face de moi, trouver l'information dont elle a besoin, lui expliquer de quoi il retourne, surveiller la file comme le lait sur le feu pour éviter tout dérapage, jeter un coup d'œil à ceux qui pianotent sur les ordinateurs au cas où, vérifier que la photocopieuse n'est pas utilisée pour faire les tracts de la prochaine soirée barbecue, anticiper les débordements à la cabine téléphonique, approvisionner les imprimantes en papier. C'est épuisant. D'autant plus que, la plupart du temps, je ne comprends pas un traître mot des élucubrations des demandeurs. Et ce n'est même pas leur faute. Ce ne sont pas eux qui ne sont pas clairs. C'est leur sujet, ce dont ils parlent. La moindre question, le moindre renseignement est d'une complexité absolue. D'une complexité administrative.

L'accueil est une antichambre de l'enfer pleine de pièges. Je dois rester constamment sur mes gardes et ne pas négliger les angles morts. Ces recoins de l'agence que l'on ne peut pas surveiller du guichet d'accueil. Des espaces minuscules et oubliés, remplis d'ombres, inatteignables. L'un de ces recoins se dissimule dans mon dos. Entre la photocopieuse et les étagères de documentation. Le poste du Rédac CV. Un gros écran cathodique beige, un clavier, pas de souris et une imprimante. Le tout claquemuré dans un meuble sur mesure en Formica jaune. Un logiciel préhistorique dans lequel il faut naviguer à coups de F2 et de touches fléchées. Le but affiché de la machine est de permettre à un enfant de rédiger et d'imprimer son CV. C'est une bonne idée. La plupart des demandeurs semblent tout ignorer de l'existence et des CV et des ordinateurs. La découverte de ces deux indispensables de la recherche d'emploi doit donc se faire en douceur. Rédac CV les guide pas à pas, lentement mais sûrement, vers cet accomplissement. Pourtant, il faut croire que, dans les années quatre-vingt, on ignorait tout de la navigation intuitive, ou que l'on avait une affection particulière pour les usines à gaz. Car le résultat est parfaitement nul et les utilisateurs ne s'en sortent pas. Ils font donc appel à la pauvre fille de l'accueil.

Le demandeur que je viens de renseigner me fait signe que l'on s'agite dans mon dos. Je me retourne et découvre un jeune homme avec une énorme casquette vissée sur la tête, visiblement très heureux que je l'aie enfin remarqué. Je l'avais complètement oublié. En début de matinée, il s'était présenté avec l'ambitieux projet de rédiger son CV. Innocent, il avait sûrement imaginé qu'un ordinateur équipé d'une version plus ou moins récente de Word serait à sa disposition. Que nenni ! Il lui fallait, dans l'ordre, vaincre la file d'attente, m'expliquer intelligiblement son projet délirant, comprendre cette histoire d'ordinateur préhistorique et naviguer sans embûches dans le logiciel jusqu'à l'écran d'impression du convoité CV. Alerte et dynamique, il s'était plutôt bien débrouillé jusqu'ici. Mais avait perdu des plumes entre la rédaction de son expérience et l'inventaire de ses formations. Dépassé, il faisait donc appel à son unique joker : moi. Au diable les convocations pour entretien ! Abandonnant la queue interminable de demandeurs, je me porte diligemment à son secours. Et contemple l'ampleur des dégâts. Tout est à refaire. Dans le champ « État civil », figure sa formation, et dans celui intitulé « Contact », son permis. Je perds donc une quinzaine de minutes à lui montrer méticuleusement le fonctionnement de l'usine à gaz. Ce qui porte la file d'attente à ébullition.

Il est presque midi. La matinée a filé sans que je m'en aperçoive. Je cours entre mon petit jeune à casquette et les arrivées incessantes. Au bout d'une heure, le fameux CV finit par s'imprimer correctement. Dans un bon français. Les majuscules où il faut. Une logique claire. Et les quelques compétences de débutant mises en valeur. Je suis si soulagée d'en être venue à bout que je sortirais bien le champagne. Le petit jeune me remercie copieusement et place même un ou deux compliments sur ma gentillesse, ma disponibilité et mon professionnalisme. Parce qu'il s'est bien rendu compte que la file d'attente a plusieurs fois manqué de s'enflammer. Parfois, il suffit de peu de chose pour aller déjeuner le sourire aux lèvres.

Cet après-midi, je découvre une nouvelle activité : la PST. Je suppose qu'il faut en comprendre quelque chose comme Plateforme Standard Téléphonique. J'ai tort, il s'agit de la Plateforme de Services Téléphoniques. Le jargon continue de semer la pagaille dans mes neurones qui ont renoncé à demander une transcription précise. Je me contente de plus en plus facilement d'une version approximative. Depuis peu, le 3949, numéro national, a remplacé les lignes directes des agences. Au lieu de répondre à nos chers inscrits, nous traitons les appels de deux gros départements. Lorsqu'un demandeur compose le numéro magique, il tombe sur un serveur vocal qui lui propose différentes filières toutes plus obscures les unes que les autres. Choisir entre « Dossier » et « Info » quand on se demande pourquoi les Assedic nous ont versé quarante euros ce mois-ci au lieu des mille deux cents habituels se fait, dans le meilleur des cas, au pif. Les demandeurs ont rarement de bol. Ils sélectionnent « Dossier ». Tombent sur un conseiller ex-ANPE. Lui racontent laborieusement leur petite histoire. S'entendent dire qu'ils ne s'adressent pas à la bonne personne. Se font transférer, téléphoniquement parlant, vers un conseiller ex-Assedic. À qui ils doivent réexpliquer le pourquoi du comment de l'âge du capitaine. Le tout en restant polis et enthousiastes.

Un vrai parcours de santé. Qui, par-dessus le marché, est facturé à la minute selon des critères ésotériques. C'est pourquoi la cabine téléphonique gratuite de l'agence tourne à plein régime. Selon votre opérateur, votre forfait, la couleur de votre combiné et le temps qu'il fait, le tarif peut varier du simple au triple. Les associations de chômeurs et l'opinion publique se sont émues discrètement de cette manœuvre qui consiste à rendre à Pôle Emploi ce qui appartient à Pôle Emploi. En réinjectant directement l'argent des allocations dans le budget de l'Administration. Sans passer par la case départ. Mais Laurent Wauquiez, notre pétillant secrétaire d'État chargé de l'emploi, n'y trouve rien à redire. Et déclare très sérieusement à la presse que cette facturation responsabilise les vilains chômeurs qui seraient tentés d'abuser des bonnes choses gratuites et de passer une heure à raconter leurs dernières vacances en famille aux agents de la PST. Aucun journaliste n'a eu la vivacité d'esprit de lui faire remarquer que la plateforme était déjà financée par les cotisations de l'assurance chômage, c'est-à-dire par, entre autres, ces salariés qui ont perdu leur emploi et qui se retrouvent au bout du fil. Quand on est au chômage, on a les moyens, on paye donc deux fois.

Cachés derrière cette fameuse filière « Dossier », nous passons le plus clair de notre temps à transmettre les appels à nos collègues des Assedic. Les demandeurs ne veulent pas causer de leurs vacances, ils veulent résoudre leurs problèmes d'indemnisation. J'ai donc un peu de temps pour papoter avec Cécilia qui me chaperonne. Elle est à l'agence depuis deux ans. En CDD. Et elle tente désespérément de s'échapper sans perdre ses droits au chômage. Son contrat est si biscornu qu'elle se retrouve en CDI sans avoir rien demandé. Sur validation du directeur. À qui elle avait bien précisé son désir de décamper. Et qui l'a alors gratifiée d'un compréhensif : « Mais non, vous avez juste besoin de vacances. » Je n'avais même pas envisagé qu'une entreprise puisse s'entêter à conserver un salarié démotivé au point d'exprimer clairement son envie de déserter.

Cécilia est différente. Elle ne se passionne ni pour le football ni pour les programmes des six grandes chaînes de télévision. Ce qui nous fait un extraordinaire point commun. Comme nous partageons l'étrange manie de consommer des cigarettes, nous nous retrouvons lors de pauses improvisées, assises au bord du bac à fleurs vide, devant l'agence. Ce sont de rares et précieux moments.

La PST clignote doucement de temps en temps. Un appel. Une jeune femme qui a un rendez-vous dans son agence. Et qui voudrait connaître la ligne de bus pour s'y rendre. Les toilettes de l'accueil font office de cabinets publics et voilà qu'ils nous prennent pour les Pages Jaunes. Cécilia la renseigne poliment. Les appels étant centralisés, elle ne connaît pas l'agence en question, et encore moins les moyens de s'y rendre. Elle se transforme donc en standardiste des renseignements et cherche la réponse sur Internet. Je crois que j'aurais sèchement raccroché. Constatant mon air scandalisé, Cécilia rigole un bon coup. Et m'explique que, d'une part, elle a tendance à être sympathique, et que, d'autre part, elle passe tant de temps à répondre à ceux qui ne veulent pas venir à leur convocation qu'elle est plutôt heureuse d'entendre quelqu'un qui a décidé de s'y plier. Elle n'a pas tort. Il me reste encore un bon bout de chemin avant d'arriver à faire la part des choses.

Sur le courrier des convocations, il est indiqué en gras qu'en cas d'empêchement il convient de contacter le 3949, et en tout petit que toute absence doit être justifiée. Le demandeur d'emploi lambda, qui a bien autre chose à faire que de se rendre à nos stupides rendez-vous, saisit donc, désinvolte et candide, son téléphone. Afin de nous avertir que non, vraiment, sans façon, il ne viendra pas car : lui, sa mère, son fils ou son chien est malade. Au choix. Plutôt malin, il n'évoque pas la vraie raison qui se situe le plus souvent entre l'apéritif, les soldes, la sieste et la balade au parc. Mais, curieusement, les maladies s'évaporent d'elles-mêmes à la demande d'un justificatif. Et le 3949 révèle sa vraie nature de traitement médical de choc. Même le chien a droit à sa guérison miracle.

Entre les absences bidons, les questions ridicules et les transferts aux Assedic, la PST est parfaitement ennuyeuse. Et déprimante. Passer une demi-journée à converser avec son ordinateur, enfermé dans une petite pièce grise, représente pour tout être humain normalement constitué une plaie. Et les conseillers fuient comme la peste cette tâche ingrate.

Le 3949 est d'ailleurs tout récent et c'est avec délice que Cécilia me raconte l'histoire chaotique de sa naissance. Aidée par Lætitia qui vient d'installer ses courbes charnues sur le bord du bureau pour partager son café avec nous. Avant, quand tout était rose et beau, chaque agence disposait de son propre standard. Et répondait à ses demandeurs à elle. Il était possible de vous mettre directement en relation avec votre conseiller. Il n'y avait pas de système informatique de gestion forçant la cadence de réception des appels. Pas d'indicateur de dépassement du temps moyen de communication. Pas d'appel du superviseur en cas de pause trop longue. Pas de demandeur téléphonant de Chapultepec pour discuter formation avec leur conseiller. C'était le bon vieux temps. Aujourd'hui, dans un nombre conséquent d'agences, le personnel refuse de tenir la PST, invoquant la déqualification du métier. Mais pas dans la mienne. Je ne demande pas pourquoi. Je sens bien que ce renoncement est tabou. Tenir ce nouveau standard est un supplice, les agents en ressortent essorés. À l'échelle nationale, nous sommes la plus grosse plateforme téléphonique, la plus monstrueuse. Trois cent cinquante mille appels par jour. Contre une moyenne de 25 000 sur des services clients comme ceux de Free ou SFR, grands opérateurs Télécom. On peut en conclure qu'il y a beaucoup plus d'abonnés au chômage qu'au dernier forfait Soir & Week-end à la mode.

***

Les heures qui défilent sont invariablement baignées de la même lumière jaune. Et c'est en clignant des yeux que je fume sur le trottoir. On m'a confié le portefeuille d'Anne. Son portefeuille de demandeurs. Les cent soixante et des poussières sans-emploi dont elle assure le suivi. Anne est malade cette semaine. Les échéances de suivi ne peuvent être reportées. Je commence par les cas les plus désespérés. Ceux qui n'ont eu aucun contact avec nos services depuis des lustres. Le premier de ma liste est dans la nature depuis deux cent soixante-quinze jours. Pourtant, pas question de lui proposer un entretien. Aujourd'hui, j'apprends la régule. Ou comment faire croire au logiciel que oui, oui, le boulot est fait. Première étape : une mise en relation, une MER. Trouver une offre qui correspond à son profil et la lui envoyer. C'est bon pour les chiffres. C'est bon pour l'agence. C'est bon pour le pays. Sauf que ce n'est pas sans raison, ni par négligence, que ce pauvre demandeur a été rangé au fin fond du tiroir. Handicapé, sans expérience, un niveau brevet des collèges qui date de vingt ans et une connaissance de la langue française qui ne dépasse pas les six mots. Il est tout bonnement inemployable. Je lui envoie une offre de manutentionnaire qu'il ne pourra, de toute manière, même pas lire. Et saisit dans son dossier un entretien factice. Le demandeur suivant n'est pas mieux loti. C'est un musicien. Qu'est-ce que je peux bien proposer à un maudit musicien, alors que je n'ai même pas d'offre de serveur en ce moment ? Je lui dégote tout de même un poste de professeur de guitare, avant de me rendre compte que ce ballot joue de la flûte. Je lui envoie quand même. Si je m'acharne à dénicher des offres pertinentes, mon taux de mise en relation sera dérisoire. Le logiciel pensera que je me suis tourné les pouces.

J'ai honte de moi. Seule dans la pénombre du bureau. Je sais bien que si je discute de la conduite à tenir lorsque aucune offre ne correspond au profil du demandeur, on me rassurera en me disant que, tant pis, dans ce cas, on ne fait pas de mise en relation. Mais je comprends aussi qu'il y a une sacrée distance entre ce que l'on dit et ce que l'on fait. Je devine qu'il faut envoyer ces offres. À tout prix. Avoir un nombre élevé de MER est un indicateur de performance. Et je me dégoûte d'être, déjà, un si bon petit soldat.

Je saisis dans leur dossier la petite phrase typique de la régule. « Vous êtes convoqué par votre conseiller référent le mois prochain. » Je n'édite pas de convocation. On verra le mois prochain. Le système croit dur comme fer que j'ai reçu, en un après-midi, ces deux joyeux drilles et une quinzaine de leurs amis. Sur des entretiens de trente minutes chacun, où nous n'avons fait qu'une seule et unique chose : discuter d'une éventuelle convocation le mois prochain. Et où ils ont accepté de postuler à des offres incohérentes. Le système est complètement benêt. Et je suis son esclave.

C'est sur ces entrefaites que le directeur, le DALE, Directeur d'Agence Locale pour l'Emploi si j'ai bien compris, décide de me recevoir au débotté pour faire le point sur ma période d'essai. Je m'installe dans son bureau. La fenêtre donne sur un gazon vert et moelleux. Il y a des grains de soleil sur le coin de la table. Le directeur est soudainement très occupé et fait comme si je n'étais pas là. C'est un petit homme tout maigre et gris avec un énorme crâne dégarni et une paire de lunettes très petit-bourgeois. Le reste combine curieusement le vieux garçon et l'homosexuel tendance. Je le croise rarement. Je l'évite. Sa voix aiguë et ses intonations efféminées m'embarrassent. Son ton éternellement neutre et son absence affichée de sollicitude me déboussolent. Je ne sais jamais s'il se moque doucement de moi ou s'il me prend pour une véritable cruche.

Une jolie petite formalité couronne ma période d'essai : un tableau d'évaluation avec tampon et signature qu'il doit communiquer aux ressources humaines. Et qui comporte des items aussi passionnants que la mesure de mon implication, ma capacité à respecter les horaires ou encore ma compréhension du métier. Le point sur lequel il me rassure d'emblée est celui des horaires. Il semble que j'aie bien intégré mes trente-sept heures trente hebdomadaires. Moi qui profite de la moindre occasion pour finir plus tôt et arriver plus tard, il faut croire que je possède un talent certain pour filer en douce.

Il me demande si le métier me plaît. Si j'ai l'envie de faire carrière. Je l'interroge sur la formation que l'on m'a promise lors de mon recrutement. Il n'en sait pas plus que moi. Et sa soudaine passion pour une paperasse posée sur son bureau m'indique que je peux toujours attendre les calendes grecques. Il me parle reconduction de CDD et perspective de CDI. Je lui réponds, avec mon sourire spécial quart d'heure hypocrite, qu'au bout d'une quinzaine de jours il m'est difficile de me prononcer sans réserve sur un engagement définitif. Finalement pas idiot, il stoppe net son éloge du CDI. M'assure que, pour lui, il n'y a aucun souci quant à la validation de ma période d'essai. Et m'expédie. Bon week-end. Merci, vous aussi.

J'aurais pu lui parler de mes angoisses, lui dire que je m'ennuyais, que j'avais peur, que j'étais éreintée, que je trouvais les conditions de travail violentes, le système idiot et cruel. J'aurais pu être honnête et profiter de ce moment pour comprendre mieux ce métier, pour poser les vraies questions, pour avoir son avis, pour envisager des solutions et peut-être découvrir un autre point de vue constructif. Mais je lui ai servi la pantomime du tout-va-bien. Pour le satisfaire. Pour garder mon travail. Pour me convaincre, moi-même, que tout est pour le mieux dans le meilleur des mondes. Que je suis une jeune conseillère efficace, épanouie et passionnée. Qui s'investit dans un métier qui a du sens.

Si je fissure cette apparente certitude, si je fais l'effort de la probité, je n'ai plus le choix. Qu'est-ce qui peut justifier de se lever le matin pour aller travailler dans la peur, la souffrance et l'incompréhension ? Rien. Je ne peux pas tomber le masque. Il retient la tempête.

Le week-end est interminable. Et c'est délicieux. Il y a longtemps, lorsque j'étais une adolescente pas charmante du tout, le monde avait trouvé de bon goût de nous qualifier, moi et mes comparses, de génération hédoniste. Je revois encore le gros titre du journal. Des caractères d'imprimerie lourds et définitifs. « Ils ne vivent que pour le week-end. » Et l'article détaillait cruellement la théorie selon laquelle, leur avenir étant scellé par le chômage et la pingrerie de leurs aînés qui ne voulaient pas céder la place, les adolescents d'alors n'existaient que pour les gigantesques beuveries du samedi soir. Je n'avais pas apprécié cette philosophie réductrice. Être privée d'avance de toute possibilité d'accomplissement ne me convenait pas. J'avais cessé d'acheter le journal. Et gratifié d'un ostentatoire « vieux con » tous les partisans, même ceux d'un soir, de cette belle idée.

Mais, aujourd'hui, le mois de mai, sa pluie de week-ends allongés et son petit goût de vacances me ressuscitent. C'est avec ferveur que j'attends la fin de la semaine. Les trois journées fastueuses de ce premier pont, avec ses grasses matinées, ses déjeuners sur l'herbe, ses siestes amoureuses et ses soirées baignées de vin blanc sec et frais, m'ont ramenée à la vie. J'ai redécouvert la lumière du jour. J'ai retrouvé la chaleur des mains de mon homme. L'herbe du jardin est redevenue verte et brillante, elle a ce goût de viande grillée et de partie de badminton, ce goût d'enfance. Nous partons en balade. Mon homme connaît Paris comme sa poche et il me guide à travers les ombres bleues de la fin de journée, qui s'étirent entre les rues sous le ciel transparent. Il fait bon vivre à la terrasse des cafés. Je peux respirer. J'ai attendu toute la semaine de pouvoir respirer. La canicule fétide de Pôle Emploi qui m'attend ne me fait plus peur. L'espace d'un instant, entre le coucher du soleil et la douceur de la nuit, j'oublie que demain n'est pas férié.

*
* *

C'est avec un petit sourire un peu déplacé que je reçois les premiers arrivés du lundi matin. Mais les convocations, les inscriptions, les numéros d'identifiant et les radiations ont vite raison de ma bonne humeur. Et la peur revient me glacer les reins quand un grand homme tout pâle commence à me reprocher sa longue attente. Je lui rétorque qu'il n'est pas tout seul, que les personnes qui sont arrivées avant lui se verront accorder le temps dont elles ont besoin, que s'il n'est pas content, il peut rentrer chez lui. La file se fige. Plus un bruit. L'assistance retient son souffle. Elle attend la réponse. Elle attend de voir si je vais me faire hacher menu. Je sais bien, pourtant, qu'il ne faut jamais rien répondre. Qu'il faut les laisser faire. Que c'est bien trop dangereux de les remettre à leur place. Mais il ne bouge pas. Il ne dit rien. Je l'ai mouché. La file d'attente reprend son bavardage. Personne suivante ?

Cette histoire de génération hédoniste, finalement, ne valait pas grand-chose. Ce n'était que du baratin. Je ne peux pas vivre pour le week-end. Je ne peux pas faire abstraction de cette fichue semaine. Il m'est impossible de retenir ma respiration cinq jours durant et de ne pas être submergée par la réalité. Les deux maigres journées de repos hebdomadaire ne suffisent pas. Surtout lorsqu'il faut passer l'aspirateur, fixer les nouvelles étagères et déjeuner avec belle-maman. Impossible d'éponger les litres de sueur froide qui se déversent chaque jour à l'accueil de Pôle Emploi. D'apaiser la colère et la frustration qui s'accumulent un peu plus à chaque entretien. Ou d'effacer la fatigue et la lassitude. La ronde infernale des demandeurs, des tensions, des incivilités, des agressions, des rendez-vous, des absences, des mécontents, des réunions, des nouvelles mesures, des plans de licenciements, des contrats aidés est plus efficace qu'un rouleau compresseur. Elle me piétine. Pendant cinq jours. Pendant une éternité.

Et, chaque lundi, le court repos du week-end est réduit à néant en quelques heures. Pour jouer au chat et à la souris avec mes demandeurs d'emploi. Pour répondre à leurs besoins. Pour les recevoir efficacement. Pour éviter de me faire étriper. Je dois mobiliser toutes mes ressources en énergie, en intelligence, en patience et en tolérance. Je dois rester concentrée et alerte. Je dois relever mes manches et plonger mes mains dans la réalité. Jusqu'aux coudes. L'arrière-goût de l'herbe verte n'a pas sa place dans cet infernal tableau. Le pont de mai chavire loin de moi, de l'autre côté de la baie vitrée maculée de poussière.

*
* *

Pour l'après-midi, mon planning mentionne une réunion avec mon chef d'équipe. Nous ne sommes que deux participantes. Je n'ai pas la moindre idée de ce dont il s'agit. Je déjeune en attendant d'une salade de tomates et de pseudo-mozzarella molle et fade typique des déjeuners industriels sous vide. Dans la cuisine, sous l'invariable lumière jaune, les papotages vont bon train. Estelle, la grande brune irascible qui m'avait rejoué la bataille de Verdun le jour de mon arrivée, en a une bonne à raconter. Une de ses demandeuses lui a exposé son projet de devenir chanteuse et a, dans cette optique, sollicité son aval pour une formation de chant. Estelle trouve cela à mourir de rire. L'assemblée du déjeuner commente de concert cette fantaisie. Chanteuse, ce n'est pas un métier. C'est le chômage longue durée assuré. On se demande bien où ils vont trouver des idées pareilles.

Je propose de mettre conjointement en place une formation de danse pour s'assurer un passage au premier tour de la Star Academy. Mes collègues, qui maîtrisent mal le second degré mais suivent tous la fameuse émission de téléréalité, perdent un peu de temps à comprendre l'ironie et repartent de plus belle sur le ridicule du projet.

Jennifer tente de nuancer en prenant pour exemple le parcours d'un de ses demandeurs clarinettiste qui avait suivi une formation de perfectionnement qu'elle avait validée et qui, aujourd'hui, vit correctement de son instrument. Mais personne ne rebondit dans ce sens. Et la pauvre aspirante chanteuse perd toutes ses chances de voir aboutir son projet.

Il vaut mieux, chez Pôle Emploi, se présenter avec des ambitions d'infirmière ou de maçon, même si on déteste et les hôpitaux et les chantiers. Artistes et intellectuels n'ont pas vraiment droit de cité dans les petits papiers des conseillers. Ce sont des farfelus. Des dilettantes inconscients de la réalité du marché du travail.

La France selon Pôle Emploi se dessine discrètement entre la cafetière et le micro-ondes de la salle de repos : des ouvriers et des ingénieurs du bâtiment pour construire de gigantesques maisons de retraite où travailleraient, radieuses, des hordes d'aides-soignantes et d'auxiliaires de vie.

Les statistiques du marché du travail ordonnent. Les conseillers Pôle Emploi obéissent. Au feu projets, rêves et ambitions. Vous êtes prié de devenir manutentionnaire et de rédiger une lettre de motivation efficace qui expose combien vous adorez ranger des entrepôts et préparer des commandes. D'ailleurs, ça tombe bien, conduire un Fenwick, c'était votre rêve de gosse. Il semble tout de même que quelques communicants haut placés se soient penchés, sans se l'avouer bien sûr, sur l'épineux problème de l'incohérence entre les offres d'emploi et les aspirations des candidats. Il en résulte, sur le site de Pôle Emploi, une petite rubrique de vidéos qui présentent sous un jour avantageux quelques-uns de ces métiers en souffrance. Et, notamment, le fameux magasinier-manutentionnaire. On se retrouve donc chez Disney, au propre comme au figuré. Avec Alexandre, le manutentionnaire heureux, qui trouve son travail génial et trop sympa. Et Matthieu, le directeur, qui nous parle de ses difficultés de recrutement. Il recherche des profils expérimentés. Mais les gens pensent qu'il faut des compétences techniques spécifiques. Les bougres ne postulent pas. Alors qu'une formation est dispensée en interne. Donc, finalement, il recherche des débutants. On ne comprend rien, et c'est là tout le problème. Pour déballer les cartons et ranger des Mickey Mouse en plastique dans les rayons, il faut une expérience ou une formation. C'est bien trop complexe pour apprendre sur le tas. Forcément, ceux qui ont de l'expérience tentent d'évoluer, et ceux qui veulent se former préfèrent apprendre un métier plus enrichissant ou plus rémunérateur. La petite musique de dessin animé et les gros plans sur les rayons garnis de breloques finissent d'achever le peu d'intérêt que pouvait susciter cette vidéo. Et le pauvre Alexandre, tout content de prévenir son supérieur lorsqu'il n'y a plus de sac Fée Clochette, s'en retourne à ses cartons. Le final relève carrément de la poésie. Sur un fond flou plein de couleurs s'affichent en grosses lettres rouges le mail et l'adresse pour postuler. À bientôt chez Disney ! Les communicants ne devaient pas être en forme ce jour-là. En même temps, faire passer une endive pour un éclair au chocolat, c'est un vrai challenge.

*
* *

La miniréunion à trois commence un peu en retard. Hubert nous reçoit, Véronique et moi, dans son petit bureau.

Véronique est arrivée quelques jours avant moi. Elle a de longs cheveux blonds qu'elle attache en chignon et un petit visage rond. Ses yeux tout bleus se cachent derrière des lunettes d'institutrice sévère. Elle a tout d'un professeur, d'ailleurs, avec ses longues écharpes et ses petits gilets. Ce n'est pas la première fois qu'elle travaille pour Pôle Emploi. Elle a déjà eu l'honneur d'un CDD de trois mois dans une autre agence. Et elle est ravie de ce métier. C'est ce qu'elle veut faire. À tout prix. Elle ne se lasse pas de le répéter. Quand j'ai tenté d'en apprendre plus sur sa motivation, elle s'est empêtrée dans une grammaire approximative. J'en ai donc déduit qu'elle ne savait surtout pas quoi faire d'autre. Et elle a écopé du doux surnom de Tentation de la vocation. Ce qui a beaucoup plu à Cécilia.

Je n'aime pas Véronique. Ses penchants bureaucratiques me mettent mal à l'aise. Je m'étais retrouvée à l'accueil, coincée entre elle et une demandeuse d'emploi un peu timide qui me faisait part de ses difficultés à recevoir son courrier. J'avais dû batailler ferme pour découvrir qu'elle habitait un squat. Véronique était intervenue, alors que je ne l'avais pas sonnée, pour lui expliquer, hautaine et intransigeante, qu'il était impératif de présenter un justificatif de domicile pour s'inscrire aux Assedic. Personnellement, je n'avais jamais vu d'agent Assedic me demander le moindre petit bout de facture d'électricité lors de mes inscriptions. Mais je n'avais pas osé la contredire en public, et la pauvre demandeuse était repartie toute piteuse, persuadée qu'il lui était impossible de s'inscrire. Quand j'avais fait remarquer à Tentation de la vocation qu'elle venait de raconter une grosse ânerie, elle avait pris l'air de découvrir l'eau chaude. « Mon Dieu, mais c'est vrai, c'est fou qu'ils ne demandent pas de preuve de domicile. » Sur le moment, j'avais redouté qu'elle ne fasse un courrier bien senti à la direction des Assedic pour leur pointer cette négligence.

Dans le petit bureau, elle affiche un air radieux, tout excitée à l'idée de cette réunion mystère. Hubert, le chef d'équipe, n'a pas l'air en forme. Son clavier d'ordinateur est enterré sous une montagne de paperasse, et deux ou trois tasses maculées d'un fond de café fossilisé rôdent autour de son téléphone. Il y a deux équipes au sein de l'agence. Qui se répartissent les entreprises par secteur et se partagent le suivi des recrutements. Mathématiquement, il devrait donc exister deux chefs d'équipe. À l'origine, c'était le cas. Mais le second est un fantôme en arrêt maladie que je n'ai jamais vu. Il semble qu'il s'agisse d'une excentrique sur laquelle circulent les rumeurs les plus folles.

Hubert fait donc office de chef des équipes. Et il a une grande nouvelle à nous annoncer. En plein milieu de la crise et alors que Pôle Emploi ne parvient pas à tenir les échéances des rendez-vous mensuels, les grands pontes ont décidé, sûrement lors d'un dîner arrosé, de nous en rajouter un. De rendez-vous. Comme ça, pour rire. Grand silence dans le petit bureau.

Hier encore, le suivi mensuel commençait au bout de trois mois d'inscription. Histoire de laisser aux demandeurs débrouillards le temps de trouver un emploi sans être enquiquinés par nos services. Ce qui n'était pas une mauvaise idée. Quelqu'un en haut lieu a dû trouver que cela ressemblait à du laxisme. Nous devons donc organiser un rendez-vous dès le deuxième mois. Mais, subtilité, ce ne sera pas un entretien de suivi mensuel. Non. Il faut juste inventer un service bidon avec un conseiller temporaire pour rencontrer les demandeurs plus tôt et tenir cette nouvelle échéance. En attendant que le vrai suivi arrive, lui, au bout de trois mois d'inscription, comme avant.

On a donc décidé d'un nouvel entretien mais pas de son contenu. Les grands pontes devaient tous être beaucoup trop avinés à la fin de leur dîner pour se pencher sur ce point de détail. Mes supérieurs se sont creusé la cervelle une bonne dizaine de minutes pour proposer un atelier service à distance. S@D. C'est-à-dire tout ce qui concerne pole-emploi.fr et plus particulièrement l'espace emploi. Un compte personnalisé, au sein du site, qui permet aux demandeurs d'organiser leur prospection. Critères de recherche préenregistrés, publication de CV en ligne, télécandidatures, abonnement aux offres, etc.

Le bonheur illumine mon visage. J'ai enfin percé le mystère du S@D. Ce fichu sigle me narguait depuis un moment, baladant impunément sur l'intranet son arobase insolente. Et Véronique, me croyant sur la même longueur d'onde, glisse discrètement à mon oreille : « C'est super, ces nouveaux entretiens ! » Je la devine tout en joie de se voir confier des petits nouveaux à martyriser. Hubert est lui aussi tout sourires devant nos mines réjouies. Et si quelqu'un entrait dans le bureau à ce moment précis, il pourrait croire que nous avons eu droit à une augmentation colossale ou que les nouveaux chiffres du chômage affichent un recul de vingt pour cent, au moins.

Je me permets pourtant d'assombrir ce charmant tableau. Beaucoup de demandeurs ignorent tout de l'existence de l'informatique. Les renseigner automatiquement sur ce service me semble quelque peu inutile. Il est humainement impossible de leur apprendre à utiliser un ordinateur en trente minutes. Hubert est d'accord. Mais il me rétorque, sans rire, que la top priorité est de leur créer un espace sur le site et de les abonner aux offres. L'enjeu n'est pas d'apporter une aide efficace. L'enjeu est de faire du chiffre.

À côté de moi, Véronique affiche un sourire étincelant. Se permettre d'ouvrir un compte mail à un indigène sans défense qui ignore tout de l'existence du réseau Internet ne la choque pas. Et tant pis s'il ne retourne jamais ni sur son espace emploi ni sur son adresse mail. Pour renflouer les indicateurs de l'agence, tout est bon.

Hubert nous offre le choix entre des réunions collectives, que nous animerions ensemble, et des entretiens individuels. Les poils de ma nuque se hérissent. Travailler avec Tentation de la vocation ne m'enchante guère. Je l'entends d'ici faire son sermon sur l'importance de mettre en ligne son CV. Je fais donc l'imbécile et argumente sur mon appréhension de la prise de parole en public. Véronique acquiesce, radieuse. Et nous repartons toutes les deux avec une liste de victimes à convoquer.

Je passe le reste de la journée à cliquer sur l'icône « Impression » de notre logiciel chéri. Les entretiens sont prévus sur une durée de trente minutes. Tentation de la vocation a fait la maligne en proposant de les réduire à vingt, mais j'ai tenu bon. Ce qui fait huit personnes par demi-journée. Et, étant donné qu'il est exclu de planifier des entretiens sur une journée complète, afin d'éviter les vagues de suicides chez les conseillers, cela nous amène à quarante personnes par semaine. Quarante profils différents. Quarante individus qui veulent tous raconter leur histoire. Quarante demandeurs singuliers et inimitables. Des déprimés, des vantards, des menteurs, des en colère, des soporifiques, des émotifs, des qui sentent mauvais, des qui veulent créer une entreprise, des qui ont un problème avec les Assedic, des qui n'aiment pas les fonctionnaires, des qui croient que je vais leur donner un travail, des qui attendent la retraite, des qui s'en fichent. Je vais finir chèvre.

*
* *

Je termine mes convocations le lendemain. Avec grand soin. Prenant la peine de me relire. Boucle mon déjeuner en quinze minutes. Et tue le temps qu'il me reste au bord de la grande route. Fumant cigarette sur cigarette. Dans un grand nuage de poussière d'été. Le paysage est accablé de chaleur. Les passants sont rares. L'air est pétrifié. La lumière brûlante prend des faux airs de fin du monde.

Mais la pénombre poisseuse du bureau de la PST, dans laquelle je m'installe, ne m'apaise pas. Il est quatorze heures. Le téléphone sonne. Le mouchard du logiciel nous indique que dix-huit demandeurs sont en attente. Aujourd'hui, nous n'aurons pas le temps de papoter. Cécilia décroche.

Un intermittent. Il veut connaître l'avancement de son dossier. Cécilia le transfère sur la filière Assedic.

Une assistante sociale. L'un de ses clients ne parle pas

français. Il a raté son rendez-vous d'inscription. Cécilia lui passe la filière inscription.

Un jeune homme. Il a trouvé du travail. Cécilia annote son dossier et lui demande une copie de son contrat.

Deux radiations. Cécilia explique la procédure de recours et annote les dossiers. Il y a vingt-deux demandeurs en attente.

Un homme qui ne dit pas bonjour. Il sera absent à son rendez-vous en raison du décès de son beau-père. Cécilia demande un justificatif. Il nous raccroche au nez.

Quatre actualisations. Transferts.

Une jeune femme qui se marie le jour de son entretien. Note dans son dossier. Demande de justificatif. Et qui part en voyage de noces. Information. Enregistrement informatique de ses dates de départ.

Une dame charmante qui ne comprend rien au courrier qu'elle a reçu. Réédition dudit courrier. Explication du document. C'est une convocation pour entretien.

Trois absences.

Un demandeur qui ne pourra pas se présenter à son rendez-vous. Il ne veut pas nous dire pourquoi. Il paraît que cela ne nous regarde pas. Il nous raccroche au nez.

Une jeune femme qui est tout heureuse d'avoir décroché un CDD de quarante-cinq jours. Note dans son dossier. Mail à son conseiller. Demande d'envoi du contrat de travail. Mon stylo ne marche plus, ma prise de notes l'a achevé.

Un demandeur qui sera absent à son rendez-vous de demain. Il exige un nouvel entretien dans la semaine. Note dans son dossier. Mail à son conseiller. Il n'y a évidemment plus de plage disponible cette semaine. Cécilia coupe la sonnerie du téléphone. J'ai trouvé un nouveau stylo. Abandonné sur une étagère. Tout mâchouillé.

Deux radiations.

Un demandeur qui souhaite postuler à une offre.

L'adresse mail de contact lui renvoie un message d'erreur. Communication du téléphone de l'employeur. Ce n'est pas autorisé. Tant pis.

Une jeune femme avec un fort accent. Elle hurle. Elle ne perçoit pas ses Assedic. Nous comprenons à moitié qu'elle est employée par une cantine scolaire. Tous les ans, l'école lui fait un CDD de septembre à juin, et ce sont les Assedic qui payent les vacances. Un classique. Sauf que, cette année, son dossier rencontre des difficultés. Ses indemnités sont bloquées. Elle hurle toujours. Un homme derrière elle tente de la calmer. Cécilia la prévient que, si elle continue, elle va raccrocher. Elle continue. Cécilia raccroche.

Un demandeur qui souhaite changer l'heure de son rendez-vous. Il doit aller chercher le fils de sa tante à la piscine. Définition et étymologie des mots « légitime » et « justifié ».

Deux absences. Cinq questions Assedic. Une inscription. Je cours remplir les tasses de café.

Un demandeur qui a reçu une notification de trop-perçu et qui ne veut rien savoir. Transfert sur la filière Assedic.

Une jeune femme qui appelle pour la cinquième fois afin d'avoir un rendez-vous. Note dans son dossier. Mail à son conseiller. Les cinq précédents collègues ont dû faire exactement la même démarche. Son conseiller doit être mort.

Deux demandes de congé.

Une jeune femme qui s'est inscrite sur Internet mais qui n'a pas de titre de séjour à présenter pour l'entretien : Cécilia lui explique que l'inscription ne peut se faire sans autorisation de travail. Elle s'énerve. Elle nous taxe de racistes. Cécilia ne se démonte pas. Je lui murmure de répondre que nous passons dans un tunnel. Cécilia sourit. S'exécute. Et raccroche.

Un demandeur qui veut changer de conseillère car la sienne est tout le temps enceinte. Note dans son dossier. Mail ironique à notre collègue.

Et le dernier, qui souhaite déclarer ses congés : information sur les trente-cinq jours d'absence auxquels il a droit, enregistrement informatique de ses dates de départ.

Trente-six appels en trois heures et quinze minutes. Je suis anéantie. La PST s'éteint. Nous débranchons le haut-parleur. Les yeux de Cécilia sont striés de rouge. Je rentre chez moi lobotomisée. Mon homme tente de me ranimer avec un film de Costa-Gavras. Un monument tordu et politique comme je les aime. Mais rien n'y fait. Je sombre malgré moi dans un sommeil collant entrecoupé de sonneries de téléphone désarticulées.

***

Aujourd'hui, c'est tutorat. Je vais me dégourdir les jambes dans l'agence à la recherche d'une chaise pour observer les entretiens. Puis je rentrerai chez moi pour manger et dormir. C'est la formation sur le tas selon Pôle Emploi. De tutorat, il n'y a que le sigle sur mon planning. TUT. Il n'y a pas de tuteur. Personne avec qui échanger sur les pratiques observées. Personne pour me dessiner la carte des différents services et des différentes prestations. Je n'ai accès qu'à des instantanés, entre deux portes, sans sous-titres. Je ne suis pas là pour comprendre. Je suis là pour imiter. Avec mes six mois de CDD et mon absence de formation, je ne suis pas un vrai conseiller. Hors de question d'acquérir les compétences nécessaires à la pratique du métier. On me donne juste le vernis. Je suis un conseiller factice. Pôle Emploi devrait recruter des comédiens, ce serait plus simple.

Je prends donc ma leçon avec Charlotte. Qui passe sa matinée en SMP. Le fameux Suivi Mensuel Personnalisé.

Un grand gaillard d'une quarantaine d'années, le cheveu au vent, s'installe dans notre box. Charlotte le rencontre pour la première fois. Travailleur du secteur culturel, il a été licencié de l'association qu'il avait créée. Lutte de pouvoir et ego surdimensionné ont manifestement eu raison de son CDI. Il n'a pas passé son temps à roupiller et a déjà mis sur pied une nouvelle association. Qui propose des activités culturelles aux petits jeunes du quartier sur le même modèle que la précédente. Dont il est d'ailleurs parti avec tout un wagon de clients. Collectivités, écoles, comités d'entreprise. Avec un peu de bol, même Pôle Emploi lui sous-traite des formations. Ce n'est pas vraiment un demandeur aux abois. Il connaît son secteur sur le bout des doigts.

Plein de bonne volonté, il nous a apporté sa plaquette. Un immense machin avec un pliage complexe, pleine couleur, qui a dû coûter une petite fortune en impression. C'est une association grand luxe. Studio d'enregistrement. Caméra numérique. Locaux modernes. Et Macintosh dernière génération sur chaque bureau. Le tout financé par des subventions. C'est une affaire qui roule. Son projet à court terme : se salarier lui-même et sa compagne, dans sa propre structure. À grand renfort de contrats aidés. Pour lui, ce sera l'Emploi Tremplin. Charlotte n'a rien à ajouter. Il est effrayant. Il a tout prévu. Et maîtrise manifestement le sujet, bien mieux que ma collègue. C'est donc à lui que je pose mes questions. Et il passe le reste de l'entretien à me détailler le dispositif Emploi Tremplin. Qui est une affaire juteuse. Financé par la région, il concerne, entre autres, les demandeurs d'emploi de plus de quarante-cinq ans qui sont embauchés dans des secteurs bien définis tels que la culture et dans des structures de type associatif. Notre homme est pile dans la cible. Le conseil régional va donc prendre en charge une partie de son salaire. Quinze mille euros par an pendant trois ans, puis douze mille euros la quatrième année, onze mille la cinquième et dix mille la sixième. Soixante-dix-huit mille euros. Le casse du siècle. Il se salarie lui-même au nom de son association et se verse directement l'aide dans sa poche. Légalement. Il prévoit le même type de contrat pour sa compagne.

Pourtant, il fait l'impasse sur un petit détail. Que Charlotte ne peut pas souligner puisqu'il est humainement impossible de connaître ces fichus contrats aidés sur le bout des doigts. Il en existe une multitude et ils rivalisent de complexité. Les textes qui les encadrent sont rédigés dans une langue juridique indéchiffrable. Des notices plus longues que les modes d'emploi des accélérateurs de particules, dont les termes sont modifiés tous les mois au gré des retournements politiques.

Ce qu'il oublie de préciser, c'est que ce contrat a une mission d'insertion. Ce déluge d'argent public a pour vocation de soutenir les demandeurs en grande difficulté. Et est, dans ce but, assorti d'une action de formation obligatoire. Notre homme n'a nul besoin de ce volet du contrat. Il est tout à fait compétent et employable pour son poste. Il pourrait trouver sans encombre un contrat plus classique dans une autre association. Ou même se salarier lui-même sans recourir à ces aides.

Mais il se pliera sûrement à cette exigence administrative sans sourciller. Il fera semblant d'en avoir besoin. D'autant plus que la formation est elle-même financée par le conseil régional. À hauteur de mille cinq cents euros. De l'or en barre. Tout le monde se frotte les mains. Charlotte est ravie de ce demandeur qui va sortir de son portefeuille aussi vite qu'il y est entré. Elle le félicite, et il s'en retourne peaufiner l'enregistrement de son disque de comptines pour enfants avec notre bénédiction.

Le dispositif Emploi Tremplin est une belle mesure. Il a pour ambition de donner un coup de pouce à des secteurs fragiles et à des demandeurs en difficulté. Et notre charmant petit malin qui compte bien en profiter n'est pas un vrai roublard. Son association offre un vrai service d'utilité publique, créatif et de qualité. Mais la facilité du processus m'impressionne. Se créer soi-même un emploi et s'assurer une petite rente confortable semble, avec un peu de patience et de jugeote, à la portée de tous.

Le rendez-vous suivant s'installe sur sa chaise en prenant grand soin de ne pas froisser sa veste. Il est venu avec une cravate. Il connaît Charlotte. Pourtant, elle, elle ne se souvient pas du tout de lui. Il a un projet de création d'entreprise. Une histoire de simulateur de Formule 1. Pour le grand public. Il a contacté une société lyonnaise qui propose ce divertissement et veut absolument nous faire visiter leur site. Mais notre ordinateur, en vieux coucou buté, refuse de charger la dernière version de Flash indispensable à l'affichage du portail Internet. Il se lance donc dans un exposé torturé de son projet. L'affaire semble complexe et il a le plus grand mal à nous l'expliquer. Manifestement, c'est beaucoup trop compliqué pour nous et il se désole de ne pas pouvoir vulgariser. Je réunis donc mes maigres connaissances en mécanique et lui demande, avec un grand sourire, s'il s'agit d'un jeu vidéo en cabine montée sur vérins hydrauliques. Comme par hasard, c'est tout à fait ça. Il acquiesce de tout son être, heureux comme un pape de se voir offrir la réponse sur un plateau. Charlotte affiche une mine décontenancée.

Notre demandeur continue sur sa lancée. Il prévoit de se faire embaucher par l'entreprise lyonnaise afin d'apprendre toutes les ficelles, puis de démissionner pour monter sa propre structure. Je lui demande s'il a contacté cette entreprise : il va le faire demain. Je le mets en garde contre la faute de concurrence déloyale qui condamne ce type de pratique : il s'est déjà penché sur la question.

Je lui fais remarquer que les simulateurs nécessitent un investissement important : il abat alors sa carte maîtresse, son idée de génie. En nous regardant droit dans les yeux, comme s'il allait nous révéler la formule de la pierre philosophale. Son concept novateur qui va lui ouvrir les portes des banques, révolutionner le monde du jeu vidéo et inscrire son nom au panthéon de la postérité : utiliser les cabines comme support publicitaire, sur le modèle des vraies voitures de Formule 1. Les bras m'en tombent. Charlotte lâche son stylo. Et nous restons abasourdies, comme deux ronds de flan, pendant qu'il détaille son analyse du marché et son bilan prévisionnel. Je réclame son CV. Il ne l'a pas. Charlotte lui demande s'il a une expérience de gestion d'entreprise. Et, bien sûr, il se révèle gestionnaire expérimenté. Il est complètement fou. Il finit son histoire et nous le laissons repartir avec les coordonnées de la chambre de commerce.

Charlotte me regarde avec des yeux de merlan frit. Et nous regagnons le box en titubant de rire. Nous venons de perdre une demi-heure avec un affabulateur de haut vol complètement à côté de la plaque. Son dossier indique qu'il perçoit le RMI depuis des années et n'a manifestement jamais travaillé. Ce rendez-vous était, pour lui, d'une importance capitale. Nous ne pouvions rien faire d'autre que l'écouter. Nous ne pouvons pas refuser de recevoir les demandeurs au motif qu'ils sont fous. Et, pourtant, selon Charlotte, cela allégerait considérablement les portefeuilles.

Le demandeur suivant est absent, celui d'après également. Je me tourne les pouces pendant que Charlotte règle les affaires courantes de son portefeuille : deux offres à envoyer, un dossier de financement de formation et quelques réponses à des mails. Les absences sont monnaie courante. En moyenne, la moitié des personnes convoquées ne se présentent pas. Elles déboulent à l'accueil une dizaine de jours plus tard, furibondes d'avoir trouvé un avertissement avant radiation dans leur boîte aux lettres. Et jurant qu'elles n'ont jamais reçu aucune convocation. Ces convocations sont pourtant envoyées systématiquement en doublon, à quelques jours d'intervalle, pour prévenir tout égarement postal. Et elles précisent qu'une absence non justifiée entraînera automatiquement une radiation de la liste des demandeurs. Ce qui entraîne un arrêt immédiat du versement des allocations. Mais la moitié des demandeurs s'en moquent. Ils sont bien au-dessus de tout cela. Que ceux qui ne perçoivent pas d'allocations et qui ne trouvent aucune utilité à notre suivi ne se présentent pas, je peux le comprendre. Mais ce ne sont pas eux qui refusent de se déplacer. Ce sont ceux qui perçoivent des indemnités chômage. C'est un grand mystère. On peut trouver le service de Pôle Emploi ridicule et inefficace. Mais un minuscule rendez-vous de trente minutes par mois n'est pas très contraignant pour s'assurer le maintien d'une aide souvent substantielle. C'est le contrat du PARE. Le Plan d'Aide au Retour à l'Emploi. Que chaque demandeur accepte lors de son inscription. En échange des aides financières, la promesse de s'investir dans sa recherche d'emploi et de se plier, entre autres, aux contraintes du suivi mensuel. Il suffit de jouer le jeu. Mais non, ils ne viennent pas, ne s'excusent pas, ne justifient pas. Et se font donc radier. Du moins en théorie.

Si mon agence se permettait de radier cinquante pour cent des inscrits, il y a fort à parier que toutes les associations de défense des chômeurs ainsi que la quasi-totalité des politiques et de l'opinion publique nous tomberaient dessus à bras raccourcis. Les recours sont donc largement acceptés. Et la horde de guignols je-m'en-foutistes a droit à une rédemption systématique. Même quand ils ont hurlé sur la jeune femme de l'accueil qui s'est payé le culot de leur demander le motif de leur absence.

Cet état de fait ôte toute crédibilité et aux conseillers et aux demandeurs d'emploi sérieux. D'un côté, je passe mon temps à demander des justificatifs qui ne sont manifestement pas nécessaires. De l'autre, un demandeur qui aurait eu une vraie tuile est immédiatement catalogué bonimenteur. Et peut se retrouver radié, car il faut bien en radier quelques-uns. Sur des critères qui relèvent entièrement du hasard. Sur une centaine de personnes qui affirment n'avoir reçu aucune des deux convocations, comment identifier celles qui n'ont effectivement rien reçu ?

C'est sur ce château de cartes que notre vigilant ministre du Budget, Eric Woerth, organise sa grande « Journée spéciale de lutte contre la fraude ». Il en profite pour exprimer, la cravate bien droite, tout le mal qu'il pense des vilains qui fournissent de fausses déclarations dans le but mesquin de percevoir de maigres aides sociales. Et ne manque pas de conclure sur l'intensification des contrôles. Alors que le système pardonne à ceux qui sont déjà connus pour ne pas remplir leurs obligations, monsieur Woerth court en débusquer d'autres. On doit s'ennuyer quelque peu à Bercy.

De notre côté, ni Charlotte ni moi n'avons le temps de donner des conférences de presse sur ce thème passionnant. D'ailleurs, le contrôle, ce n'est pas notre métier. Nous sommes conseillères à l'emploi. Nous avons pour mission d'accompagner nos demandeurs à travers la tourmente épaisse des lettres de motivation, des recrutements par simulation, des bons de transport, des mises à niveau en bureautique et des contrats spéciaux en priant pour que tous arrivent à bon port. Impossible de guider quiconque dans la vallée de l'ombre de la mort sans confiance ni écoute. Pour les âmes en peine, impossible d'atteindre les verts pâturages et les eaux paisibles du CDI sans la houlette rassurante du conseiller. Et c'est là toute l'absurdité de la fusion Pôle Emploi et de son immonde rejeton : le conseiller unique. Chimère à deux têtes toute-puissante. À la fois guide vers l'emploi et maître de l'indemnisation. Comment lui confier ses difficultés ? Lui expliquer que l'on veut vraiment devenir danseur étoile ? Que l'on ne peut plus aspirer à un poste de chauffeur poids lourd depuis la nuit où la petite voiture rouge d'un groupe de jeunes alcoolisés s'est encastrée sous notre pare-chocs ? Ou que l'on ne peut pas travailler pour la simple raison qu'aucune crèche n'a accepté de garder le petit dernier ?

Au-delà des questions de conjoncture qui sont en réalité les seules responsables du chômage, il y a les individus. Adapter le marché à l'individu n'est pas dans nos cordes, nous n'avons pas de baguette magique. Nous travaillons dans l'autre sens. Et il est impossible d'ajuster, autant que faire se peut, un individu au marché sans le connaître. Pour imaginer des solutions concrètes et pertinentes, nous avons besoin de saisir l'intimité du parcours professionnel de nos demandeurs. Nous avons besoin qu'ils nous racontent leur histoire. Leur véritable histoire.

Mais ce n'est pas le problème de monsieur Woerth. Il s'occupe du budget de la France et, accessoirement, d'empêcher les chômeurs de se la couler douce. Ce qui n'a rien à voir avec l'emploi, le marché du travail ou la conjoncture économique. C'est bien connu. Ce n'est pas non plus le problème de Charlotte qui, avec ses entretiens limités à trente minutes et son portefeuille de cent cinquante demandeurs, n'a pas le temps de se pencher sur des questions philosophiques. D'ailleurs, notre dernier rendez-vous est arrivé.

C'est un petit monsieur maghrébin avec un pull à rayures et des cheveux grisonnants. Discret et distingué.

Son CV étincelle. Il est professeur de littérature arabe. Il a travaillé pour la Sorbonne, l'École normale supérieure de la rue d'Ulm et le Collège de France. Il a enseigné le français dans de grandes universités syriennes et tchadiennes. Il possède une pléiade de maîtrises et de DEA. En civilisation orientale, en arabe, en littérature française, en littérature dramatique, en littérature antique, en philologie. Il a publié des poèmes, des nouvelles, des essais, des traductions. C'est un petit monsieur aux cheveux grisonnants que Charlotte connaît bien. Depuis trois ans. Depuis qu'il a eu cinquante ans et qu'il est devenu trop vieux. Tous les diplômes du monde n'y peuvent rien. Son dernier séjour en Syrie l'a coupé de son réseau français, du microcosme des littérateurs orientaux. Et la traversée du désert est sans issue.

Je rentre chez moi. Mon cœur est tout petit dans ma poitrine. Je viens de rencontrer la tristesse et l'impuissance. Il y a des histoires que l'on préférerait ne pas entendre.

Ce mercredi est une grande journée. Mon expérience chez Pôle Emploi marque un tournant majeur. Je vais réaliser mes propres entretiens. En tête à tête. Toute seule, comme une grande. J'ai beau me dire que tout cela ne sert à rien, je suis tout de même impatiente. Une gamine le matin de Noël. Je vais pouvoir délaisser la tornade de l'accueil, accorder du temps aux demandeurs et, si j'ai de la chance, leur apporter un peu d'aide. Ce sont les nouveaux entretiens S@D qui commencent.

Tentation de la vocation a fait des pieds et des mains pour que nous puissions disposer toutes les deux d'un vrai bureau. Fermé. Avec une porte et quatre murs. Elle ne veut pas se sentir écoutée. Elle ne veut pas recevoir ses demandeurs dans les box qui se résument à une table affublée d'un paravent bringuebalant, laissant toute l'agence libre de passer le temps en espionnant les entretiens. Je la comprends. Elle souhaite pouvoir sévir en toute impunité. Mais je ne veux pas m'enfermer dans une de ces petites pièces sombres et mal aérées. Je préfère le grand air. Je préfère qu'un collègue puisse intervenir si je raconte une ânerie ou si mon demandeur craque une durite.

De terribles légendes circulent dans toutes les agences de France et de Navarre. Des rumeurs de violences et de mort. Des rumeurs d'entretiens démoniaques. Dont une, particulièrement épouvantable, qui raconte le meurtre d'une conseillère, étranglée avec le fil du téléphone par un psychopathe sans travail, et qui me hérisse tous les poils du dos. Cette histoire semble sortie du néant ; j'ai écrémé le Web, sans succès, à la recherche d'un article de presse la concernant. Mais j'ai parfaitement bien intégré sa raison d'être. Tout comme j'ai compris à quoi servait la petite icône verte en forme de point d'exclamation dans la barre des tâches de mon ordinateur. L'alarme silencieuse. Qui affiche sur tous les écrans de l'agence un énorme message d'alerte clignotant indiquant la position du conseiller l'ayant déclenchée. Il est arrivé qu'elle soit actionnée par erreur. Tous mes collègues se sont alors précipités dans le bureau désigné, le ventre noué à l'idée d'arriver trop tard. J'ai appris à l'accueil qu'il y a de quoi avoir peur. Je préfère le grand air.

Tentation de la vocation n'est pas dans cet état d'esprit. Elle affiche une joie sans retenue. La perspective du pouvoir et de la responsabilité qui vont lui être confiés lui pince la bouche dans un rictus effrayant. Elle s'agite et s'affaire en tout sens. Son plaisir la fait bégayer à chaque mot. Elle est au bord de l'orgasme. Elle me terrifie. Je choisis le box le plus éloigné de son bureau.

J'ai douze rendez-vous planifiés sur toute la journée. Une entorse aux bonnes pratiques de plus due à mon statut de fraîche recrue. Le premier rendez-vous est à l'heure. C'est un petit gars de vingt-cinq ans avec un polo Lacoste et une paire de baskets phosphorescentes. Je lui présente le site pole-emploi.fr. Mon petit argumentaire est très au point : premier site français d'offres d'emplois, accès gratuit depuis les ordinateurs de l'agence, espace personnalisé permettant de gérer les candidatures, etc. Mais tout cela est d'une déconcertante généralité. Le petit gars a d'autres préoccupations. Il veut parler de son parcours, de son projet et de ses difficultés. La trame définie avec Tentation de la vocation et Hubert tombe à l'eau en moins de deux minutes. Il fallait s'y attendre. Je flanque donc mon programme à la corbeille et le laisse me raconter son histoire, tout en continuant à créer son espace emploi sur le site puisque c'est quand même la seule chose que je suis censée faire aujourd'hui. Il a quitté l'école avec un baccalauréat professionnel en poche, ce qui lui a permis de trouver un petit boulot de manutentionnaire, puis un autre, puis encore un autre. Sauf que, la manutention, il ne veut plus en entendre parler. Il a un grand projet. Une vocation réprimée. Il veut être infographiste. Il adore dessiner et ses amis lui disent qu'il est très doué, qu'il a un vrai talent et qu'une renommée internationale l'attend. En un mot, il est motivé. Il veut donc faire une formation.

Ça tombe bien. Le graphisme, c'est justement mon vrai métier. Je m'empresse donc d'évaluer son niveau pour mieux l'orienter, toute contente de connaître mon sujet sur le bout des doigts. Et je me rends vite compte qu'il ne me raconte que des sottises. Et pas des petites. Il m'affirme, sans rire, maîtriser parfaitement les logiciels, ô combien torturés, de design graphique : Photoshop, Illustrator, Flash, et autres machines de guerre technologiques. Je veux bien le croire sur parole. Mais quand je lui demande son adresse mail, car je suis en train de l'abonner aux offres de contrat de professionnalisation en infographie, il me répond qu'il n'en a pas. Et me précise qu'il ne possède pas d'ordinateur et ne sait pas naviguer sur Internet. Un grand silence s'abat sur le bureau. Mes neurones restent un instant immobiles, déconcertés par cette absurdité. Comment a-t-il pu s'imaginer une seule seconde me faire avaler qu'il était parfaitement à l'aise avec Photoshop sans avoir jamais ouvert une page Internet ? Il est en train de me raconter n'importe quoi.

La maîtrise des outils informatiques peut se définir par paliers, un navigateur Internet représentant la décongélation au micro-ondes d'un cheeseburger de supermarché, et Photoshop la cuisson d'un foie gras maison. Autant dire qu'il est au sous-sol. Il n'a aucune idée de ce dont il me parle. Il fait semblant avec un aplomb surréaliste. Il a dû découvrir, ce matin, entre le petit déjeuner et le brossage de dents, que l'infographie c'était trop sympa, et doit sûrement croire que Photoshop n'est qu'un vendeur de photographies à la mode. Je laisse tomber, le regarder droit dans les yeux pour lui expliquer qu'il devrait se limiter à la fonction de manutentionnaire et arrêter de me raconter des fadaises sans éclater de rire est au-dessus de mes forces. Je lui fais donc un petit topo sur les possibilités de formation tout en me demandant ce qu'il va bien pouvoir inventer pour son prochain rendez-vous. Une passion pour la physique-chimie. Une expérience de pilote de rallye. Des contacts à la Nasa pour un poste d'astronaute. Les possibilités sont infinies. Mais elles n'auront toutes qu'un seul et même aboutissement : donner au conseiller une chouette anecdote pour le prochain repas de famille. Je constate avec soulagement que les trente minutes de l'entrevue sont écoulées. Comme la personne suivante n'est toujours pas arrivée, j'ai finalement le temps de lui montrer le fonctionnement du site pole-emploi.fr et de son espace. Je lui remets ses identifiants et lui explique qu'il aura un nouveau rendez-vous dans un mois. Avec son conseiller personnel cette fois. Il est déçu. Il pensait que ce serait moi. Le collègue qui va le récupérer n'est pas au bout de ses peines. Je bénis mon CDD de six mois. La journée commence bien, j'ai eu droit d'entrée de jeu à l'affabulateur de service. J'ose espérer que les prochains seront plus cohérents.

La personne suivante n'arrive finalement pas. Et je

peux recevoir mon troisième rendez-vous à l'heure. Je décide de laisser la trame d'entretien dans la corbeille et de tester sur le tas une nouvelle façon de procéder en commençant par demander à la jeune femme où elle en est. Mes rendez-vous d'aujourd'hui sont tous inscrits depuis deux mois, ils ont donc eu le temps de se confronter à leurs difficultés et de soulever de nouvelles interrogations. La jeune femme est venue avec son petit garçon. Il dort tranquillement dans son landau. Après son congé maternité, elle n'a pas pu reprendre son poste car elle n'a pas trouvé de garde pour son nouveau-né. Son employeur a fini par la licencier. Elle n'est pas un cas isolé. De nombreuses mamans se retrouvent dans cette situation. Il faudra l'expliquer à Rachida Dati, qui pointait fièrement sa silhouette de haricot vert au Conseil des ministres cinq jours après son accouchement, remettant ouvertement en cause le congé maternité. Le petit garçon commence d'ailleurs à se faire remarquer. Il gazouille, les yeux grands ouverts. Elle n'a pas de qualification. Elle faisait le ménage dans un hypermarché. Je lui crée son espace emploi. Elle n'a pas d'adresse mail. Je ne l'abonne pas aux offres, tant pis pour les chiffres de l'agence. Son petit garçon commence à s'impatienter. Elle m'explique que sa seule prétention concerne ses horaires de travail. Sa mère lui a offert de garder son petit le soir et le week-end pour lui permettre de retrouver un emploi. Je fais une rapide recherche sur le site. Et je trouve une offre. Une seule. Sur toute l'Île-de-France. Avec mon baratin sur pole-emploi.fr, la plus grande base d'offres en ligne du pays, j'ai l'air d'une cruche. Il s'agit d'assurer le service du dîner dans une maison de retraite. Aucun diplôme n'est demandé. Aucune expérience n'est exigée. Les horaires collent. Elle est toute contente et commence à me remercier lorsque je me rends compte qu'il s'agit d'une mission intérimaire de deux jours. Et qui n'a donc aucun intérêt. Je lui demande si elle souhaite quand même postuler, et son petit garçon se met à pleurer. Je jette l'offre à la corbeille et évoque la possibilité de postuler chez McDonald, le roi de la flexibilité, qui propose des horaires de week-end et de soirée. À cette jeune femme qui doit assumer une vie de famille, je propose un travail que certains qualifient encore de job étudiant, et je l'expédie rapidement car son petit garçon me vrille les tympans. Elle repart sans abonnement aux offres et avec un espace emploi sur lequel elle ne retournera jamais pour la simple et bonne raison qu'elle ne sait pas se servir d'un ordinateur. Je n'ai même pas la curiosité d'aller consulter le montant de ses allocations. Je me doute bien qu'elle est en dessous du seuil de pauvreté.

Le suivant est un petit monsieur au visage tout rond. Il ne lit pas le français. Il est à des années-lumière du site pole-emploi.fr. Je laisse le pilote automatique prendre le contrôle : création d'espace, ouverture d'un compte mail, abonnement aux offres. Tout en sachant que c'est complètement ridicule. Mais je suis complètement démunie. Je n'ai rien à lui proposer. Je ne peux même pas l'orienter sur un accompagnement spécifique car je suis un faux conseiller, j'ignore s'il existe quelque chose qui correspond à ses besoins. Il doit attendre le mois prochain. Il doit attendre le suivi mensuel et son vrai conseiller. Je ne devrais pas remplir les objectifs de l'entretien. Je fais passer un pauvre bougre illettré pour un type branché qui fait ses courses sur Internet. Mais pour me donner une posture professionnelle, pour que personne ne puisse s'apercevoir que je pédale dans la choucroute, je n'ai rien trouvé de mieux que d'aller repêcher dans la corbeille la pathétique trame d'entretien approuvée par Pôle Emploi.

Je tente tout de même une action utile en recherchant des offres. Il est manœuvre dans le bâtiment. Une offre correspond. Le lieu de travail est juste à côté de chez lui. « Travaux de déblaiement, démolition, tranchées à effectuer à la pelle manuelle. Résistance physique. Travail de chantier. » C'est un recrutement pour une bête de somme. Mission intérimaire de quinze jours. SMIC horaire. Et il faut postuler par télécandidature. Ce qui signifie que tout se passe en ligne. À travers une succession d'écrans qui détaillent votre profil : expérience, formation, motivation, et qu'il faut remplir consciencieusement. La candidature parvient au conseiller responsable de l'offre. Qui la valide ou non en fonction de critères définis par l'employeur. Et vous invite, dans le cas d'une décision positive, à envoyer votre CV et votre lettre de motivation directement à l'employeur. Vous obligeant alors à refaire votre candidature, à l'envoyer à nouveau, et à attendre, encore, une réponse. Tout ce bazar pour quinze jours d'esclavage. Je renonce. C'est trop. De toute manière, mon petit monsieur est incapable de faire une télécandidature. Il n'a même pas de CV. Je ne peux d'ailleurs pas lui proposer de suivre un atelier CV. Ils sont réservés à ceux qui maîtrisent le français parlé, lu et écrit. Je ne sers à rien. Et le petit monsieur repart en me saluant gentiment.

Les deux derniers convoqués de la matinée ne se présentent pas. Je lambine une heure durant en les attendant. Le facteur va leur apporter un sympathique avertissement avant radiation. Qui est normalement généré automatiquement par DUO, notre logiciel interne. Mais comme ces entretiens sont tout nouveaux, ils n'existent pas dans DUO. Tout sera fait à la main, et je vais transmettre la liste des absents au Pôle Appui, le service secrétariat de l'agence, qui va rédiger les avertissements. Je suis tentée par ma bonne conscience de gauche de faire comme s'ils étaient tous venus. Mais je ne peux pas. Impossible d'afficher cent pour cent de présence, ce serait suspect.

Et je ne veux pas. Je ne veux pas excuser ceux qui m'ont posé un lapin. Qui ont estimé que c'était sans importance et qu'il n'était pas nécessaire de me prévenir. Je les ai attendus. J'ai préparé les entretiens. J'ai épluché leurs dossiers. Je me suis renseignée sur leurs métiers. Je leur ai accordé mon temps et mon attention. Ils ont fait comme si je n'existais pas. Il ne leur reste plus qu'à se débrouiller pour justifier leur absence.

Mon déjeuner est un peu amer. Ces entretiens sont bidons. Parmi ceux que j'ai reçus aujourd'hui, aucun n'avait émis le désir d'être informé des services du site Internet. Il s'agit clairement d'un accompagnement imposé sans rapport avec les besoins de chacun, et donc, forcément, d'une perte de temps. C'est tout aussi stupide que si je convoquais cent personnes pour leur parler de la création d'entreprise sans qu'elles aient formulé le projet d'en créer une. De ce point de vue, je peux comprendre que l'on ne se présente pas. Parce que c'est humiliant, finalement, de se déplacer pour passer une demi-heure à écouter le soliloque d'un conseiller au seul prétexte que l'on est sans emploi. Et c'est là tout le problème de ce nouvel entretien qui, quoi qu'on en dise, relève de la même logique que le tristement célèbre SMP. Le Suivi Mensuel Personnalisé.

Le 5 juillet 2005, Dominique de Villepin, alors Premier ministre, venait discourir devant les cadres de la regrettée ANPE de la priorité d'apporter des réponses au chômage. Convaincu que l'ANPE avait « la capacité de faire mieux, de faire plus, et surtout de faire plus vite », notre cher Dominique avait concocté tout un catalogue de « moyens appropriés et mieux gradués afin de faire respecter les obligations des demandeurs d'emploi ». Le décret d'application allait suivre. Les entretiens obligatoires avaient auparavant lieu tout les six mois, il y en aurait dès lors un par mois. Le Suivi Mensuel Personnalisé était né. Dans la douleur. Les syndicats et les associations de chômeurs s'étaient mobilisés contre la nouvelle machine à radier. En vain.

Si le principe du suivi mensuel peut paraître louable, apporter une aide plus régulière semble aller dans le bon sens, il n'en est pas moins une vaste fumisterie. La logique est toute mathématique. Les convocations génèrent des absences. Les absences, des radiations. Plus de convocations entraînent plus d'absences. Donc plus de radiations. Donc moins de chômeurs au compteur. Et Dominique a la joie d'annoncer une baisse du chômage à Noël. Un sujet qui le préoccupait d'ailleurs beaucoup et dont il s'était confié aux cadres de l'ANPE avec une vive émotion : « Il faut que les résultats de cet engagement puissent être vus rapidement par nos compatriotes. » Pour un peu, nous verserions même une petite larme devant tant d'abnégation.

Mais la logique de la radiation ne s'est pas cantonnée à une simple épuration statistique. La teneur même du métier de conseiller s'en est retrouvée altérée. Devant la nouvelle charge de travail générée par la multiplication des rendez-vous, les conseillers ont vite été débordés. Et je travaille aujourd'hui dans une agence où il est presque impossible d'être reçu par son conseiller en dehors du SMP, où mes collègues ont du pain par-dessus la planche et pas une minute pour approfondir un cas. Où les entretiens sont le plus souvent des coquilles vides qui se succèdent à des cadences infernales. Et où il n'est plus question que de faire le point, toute action à long terme étant inimaginable. Ceux qui ont besoin d'un vrai coup de main sont traités sur le même mode que ceux qui sont parfaitement autonomes et qui ne trouvent pas d'emploi pour la seule et unique raison qu'il n'y en a pas. Vous ne pouvez plus débarquer dans votre agence et demander de l'aide pour répondre à une offre précise ou vous entraîner pour votre entretien d'embauche. Les conseillers n'ont plus une minute pour vous recevoir au débotté. Si le suivi est bien devenu mensuel, il n'est pas du tout personnalisé. Dans la bataille entre la quantité et la qualité, c'est la quantité qui a décroché le pompon. Les demandeurs finissent par ne plus vouloir se plier à cette mascarade. Ils ne viennent pas à nos convocations de pacotille. Ils ont peut-être raison.

*
* *

Le bizutage continue. À l'accueil. Encore. Toujours. Mais je ne me résigne pas pour autant. Et je n'hésite pas à débarquer dans le bureau d'Hubert pour lui expliquer, en le regardant droit dans les yeux, que c'est le poste qui nécessite le plus d'expérience, le plus de bouteille, et qu'il n'est pas logique d'y planifier systématiquement les nouveaux arrivés. Ce sur quoi tout le monde est d'accord lorsque le sujet est abordé dans la cuisine. Hubert n'a d'ailleurs aucun argument à me retourner. Il se contente de bafouiller. C'est comme ça. C'est la procédure. C'est la tradition. Mes collègues égrènent comme autant de blessures de guerre les mois qu'elles ont passés derrière le minuscule pupitre au début de leur carrière. Elles sont fières d'y avoir souffert. Elles ont survécu. Elles sont restées. Elles ont mérité de ne plus être en première ligne. Ce sont les vieux généraux, et je suis la chair à canon.

Cet après-midi, il fait lourd. L'air est gluant. Il forme une grosse matière épaisse que mes voies respiratoires ont le plus grand mal à filtrer. Un énorme Bibendum se présente pour obtenir un rendez-vous avec son conseiller. Il est tout dégoulinant de sueur. Sa chemise noire le saucissonne comme un petit boudin. Il veut faire une formation. Un rapide coup d'œil à son dossier m'apprend qu'il ne s'est pas rendu à son dernier entretien et qu'il est en procédure de radiation. Je ne peux lui donner aucun rendez-vous. C'est interdit. Il doit tout d'abord régulariser cette absence. Je lui récite donc mon petit laïus sur les justificatifs avec l'air patient du professeur d'école un peu exigeant mais sympathique. Le Bibendum ne m'écoute qu'à moitié et affiche un air scandalisé. Ce jour-là, il travaillait. Je lui demande de fournir un justificatif de travail. Son contrat, par exemple, qu'il peut simplement glisser dans notre boîte aux lettres accompagné d'un petit mot explicatif. Mais le Bibendum ne l'entend pas de cette oreille. Il travaillait, c'est tout, il n'a rien à justifier. La grosse veine sur son cou se met à clignoter. Je lui détaille, une nouvelle fois, très calmement, la procédure de radiation et les possibilités de recours. Mais non, il ne veut pas. Il me crie qu'il ne sera pas radié et que je n'ai pas le droit d'exiger un justificatif. Les coutures de sa chemise sont au bord de la rupture. Je reste muette. Il lève ses grands bras potelés. Poings serrés. S'essouffle sur mon incompétence. Me montre ses dents. Laisse échapper un chapelet d'insultes au sujet de ma mère. Tourne les talons. Et s'en va en claquant la porte. Sa chemise a tenu le coup, elle devait être de bonne qualité. La file d'attente est médusée. Je regrette de ne pas pouvoir annoter son dossier de la mention « Emmerdeur de première classe, à convoquer tous les deux jours ».

Au fond de l'agence, pendue au téléphone public, la vieille dame squelettique qui, presque chaque semaine, vient faire sa toilette dans le lavabo de l'accueil est en train d'expliquer au conseiller du 3949, sur un ton haletant, que les huissiers sont à ses trousses, qu'il ne lui reste que deux minutes de crédit, et qu'il faut absolument contrer le gouvernement qui joue ses allocations en Bourse. Ce n'est plus l'accueil de Pôle Emploi, c'est l'asile de fous.

Le client suivant reste quelques minutes immobile, peut-être se demande-t-il, comme moi, s'il ne s'est pas brusquement retrouvé projeté dans une dimension parallèle. Puis il affiche une mine déconfite pour m'expliquer qu'il ne parle pas le français. Son sourire s'allume comme une guirlande de Noël quand il m'entend prononcer un « *Do you speak english ?* » accentué au couteau. Il m'explique ses ennuis de titre de séjour et d'autorisation de travail. Il n'est pas du tout au bon endroit. Je lui imprime un plan pour se rendre à la Préfecture. Et lui détaille, dans un mélange d'anglais et de français novateur, le fonctionnement général des diverses administrations dont il va avoir besoin. Une collègue qui passe par là me regarde un instant comme une bête curieuse et la file d'attente affiche un large sourire un peu moqueur. L'Administration française qui s'exprime dans la langue de Shakespeare, ce n'est pas tous les jours que l'on a la chance de voir ça. Il repart content. Il n'a aucune idée du chemin de croix qui l'attend.

Les heures s'étirent et se distendent comme un ruban de caoutchouc tiède. L'air est brûlant. J'ai l'impression de travailler les fesses sur une plaque électrique. Mon ordinateur montre des signes d'apoplexie inquiétants. Les demandeurs se succèdent, exhalant une palette d'odeurs déconcertantes. La transpiration amère. Le déodorant à la pêche. La lessive mélangée à un vieux camembert. Le fumet d'un cigare. La couche d'un bébé. L'urine de chat. Le vin blanc. C'est à se demander ce qu'ils ont bien pu traficoter avant de décider d'aller faire un tour à l'agence Pôle Emploi du coin.

Une grosse femme me tend innocemment sa convocation. Elle porte un petit tricot rose duquel tout son corps déborde. C'est la journée des Bibendums. Elle sent le poulet frit. Elle a quarante-cinq minutes de retard. Une éternité. Avant même que j'aie pu commencer mon petit topo sur la justification, elle explose. Et me repeint le visage avec ses postillons. Pôle Emploi dans son ensemble et l'Administration en général en prennent pour leur grade. Saletés de fonctionnaires ! Vous êtes obligés de me recevoir ! L'habituel « C'est un scandale ! ». Comment osez-vous vous permettre d'annuler mon rendez-vous ! Ce n'est plus le service public, c'est le service d'étage. Je me garde bien de lui répondre d'aller se faire cuire un œuf. Avec cette chaleur, elle pourrait faire toute une omelette sans quitter l'agence, à même le carrelage. Je quitte mon pupitre et perds de longues secondes à contourner sa grosse masse flasque pour filer me cacher en Zone Technique. Laissant l'accueil désert. J'en profite pour me nettoyer la figure et remettre mes esprits à l'endroit. Le miroir au-dessus du lavabo me renvoie une petite mine apeurée et des cheveux en bataille. Je l'entends continuer son vacarme à travers la porte. Ce ne sont pas des formations d'anglais ou de bureautique qu'il faut mettre en place, mais des leçons de savoir-vivre. Avec pour professeur une vieille nurse anglaise terriblement sévère armée d'une baguette en bois. Je perds encore quelques minutes à vérifier que ma bannette ne contient pas de nouveaux courriers, et je retourne dans l'arène. Elle est partie et la file d'attente a eu le temps de s'allonger considérablement. Dans la grande salle surchauffée, une douzaine de demandeurs attendent avidement que je me remette au travail. Ils croient que tout ce raffut n'a pas de conséquence. Ils pensent que je maîtrise la situation. Ils ont tort.

Dans cette ambiance hostile, chaque nouvelle altercation, chaque incivilité, chaque menace, chaque insulte, chaque geste de mépris entame ma patience et ma bienveillance. Ces agressions me durcissent. Mes neurones se cristallisent sur les situations de danger et oublient les personnes agréables et correctes. J'en viens à les craindre. Tous. La peur me ronge, et je guette constamment le moindre indice d'énervement. La fatigue irrite mes nerfs et réduit le champ de ma raison. Je perds mon humanité. Je rêve de radiation de masse. Que tous ces gens étranges qui me veulent du mal s'en aillent loin de mon pupitre d'accueil. Mais les douze innocents qui patientent supposent manifestement que je suis une machine de guerre inébranlable et ne comprennent pas que le comportement de la grosse femme les concerne directement. Je ne suis pas en état de les écouter. J'ai branché le pilote automatique. Si leur dossier présente un problème épineux, je passerai à côté. Sans même m'en apercevoir. Si leur situation nécessite un peu de bienveillance, ils n'y auront pas droit.

Je me débats seule dans ces sables mouvants. Personne ne veut faire payer à tous la violence et l'absence de savoir-vivre de quelques-uns. Mais contre la peur, ni Pôle Emploi ni la défunte ANPE n'ont rien prévu. Elle est l'immonde secret que chaque conseiller cache au fond de lui comme une maladie honteuse. Beaucoup y succombent et adoptent l'attitude du petit sergent. Se positionnant par principe contre les demandeurs. D'autres, moins nombreux, résistent. Mais ils puisent toutes leurs forces de combat dans leur personnalité et leurs valeurs personnelles. Jamais l'organisation ne reconnaît cette peur. Et en accablant les conseillers d'objectifs intenables et de cadences de travail folles, elle leur enlève le temps nécessaire à cette lutte. Le temps de panser leurs blessures. Elle engendre une armée entière de petits sergents. Et j'en viens même à me demander si ce n'est pas là son objectif. Casser la mission sociale du conseiller, user les nouveaux arrivés à l'accueil, compliquer les procédures, écourter les entretiens, généraliser l'accueil téléphonique, supprimer l'accès aux offres sur papier. Modeler une armée de petits soldats sans conscience, prêts à appliquer sans réfléchir chaque modification des services. Je suis la proie d'un incontrôlable rejeton de la peur : la paranoïa.

À dix-sept heures, je ferme l'agence. Et je m'enfuis. Les éruptions des deux Bibendums colériques ne me quittent pas. Et je ressasse, les mains dans l'évier de ma cuisine, les reparties cinglantes que j'aurais tant aimé leur lancer au visage.

Je suis de sortie ce soir. Dans le centre de Paris. Cécilia m'a invitée à une sorte de réunion de psychologues venus échanger sur les thèmes de la souffrance au travail et du harcèlement moral. Une façon de me dire qu'elle n'est pas dupe. Qu'elle sait ce qui est en jeu dans notre entreprise. Et que je ne suis pas seule. L'idée m'a surprise. Pourtant j'ai immédiatement accepté. Ces mots. Souffrance. Harcèlement. Je n'osais pas les dire. Mais ils étaient là. Depuis le premier jour. Nous sommes une petite dizaine à nous installer au deuxième étage d'un immeuble de bureaux, dans une pièce toute beige, sur des chaises en plastique des années quatre-vingt, autour d'un assortiment de tables qui ont l'air d'avoir été volées à la cantine. Ce n'est pas une conférence grand luxe. Inutile d'espérer que l'on nous propose un café. Nous attendons patiemment la seule raison de notre présence sous les néons de cette pièce trop grande. Christophe Dejours. Un psychologue chevronné à l'allure de professeur fou, qui a consacré sa carrière à l'étude du travail et des travailleurs. Il a écrit plusieurs ouvrages que je n'ai pas lus. Je l'ai découvert dans l'un de ces documentaires gauchistes que Cécilia adore où la valeur travail est traînée dans la boue jusqu'à ce que mort s'ensuive. Sa chevelure délirante et son attachement aux faits m'avaient franchement impressionnée. Il est un peu en retard et me laisse savourer pendant quelques minutes la proximité de ces humains parfaitement civilisés qui ne hurlent pas, ne s'agressent pas, maîtrisent la langue française et n'exigent rien d'autre de moi qu'une immobilité silencieuse.

Nous passons les deux heures suivantes à l'écouter religieusement, comme une ribambelle d'enfants assis autour du feu aux pieds d'un conteur. Jamais il ne s'égare dans la théorie, il harcèle les faits, agace les réalités, tourmente les vécus. Et confesse leurs terribles secrets. La souffrance physique, l'absence de reconnaissance, le mépris, les brimades, la peur, l'épuisement, la honte, la maladie, la destruction. Je découvre le quotidien des conducteurs de trains et des caissières. Je constate avec soulagement que je ne suis pas seule à observer le gouffre qui sépare le travail tel que l'entreprise nous demande de l'accomplir et tel que nous le faisons. Je comprends qu'il est particulièrement difficile d'évaluer le travail, et que les objectifs imposés sont de fait vides de sens. J'entrevois à quel point l'identité d'une personne est en jeu dans sa relation au travail. Et je me délecte des stratégies mises en place consciemment ou non par les groupes et les individus pour résister à la pression, pour conserver leur intégrité psychique dans des conditions souvent violentes. Quelques participants souhaitent soumettre des cas dont ils ont en charge le suivi, et nous nous attardons sur une cadre bancaire confrontée à huit fusions consécutives, à la dissolution de son équipe, à la mise en place d'un open-space humiliant et à sa lente mise au placard. Les regards en coin de Cécilia en disent long. Les fusions ne sont manifestement pas bonnes pour la santé.

Finalement, à l'accueil de Pôle Emploi, je passe mon temps à rencontrer de nouvelles têtes. Des personnes différentes, inconnues, aux métiers étranges, aux origines bigarrées, avec une culture d'ailleurs et une façon de vivre dont j'ignore tout. Cela pourrait être passionnant. Cela ne l'est pas. Ils ne sont qu'une masse informe, sans visage, sans histoire, sans personnalité. Ils ne sont qu'une formalité, un papier à remplir, une question à poser. Et ils sont pressés d'en finir. Aussi agréables qu'une salade de chardons. Ils sont le flux. La signification du petit F que je coche dans leur dossier pour signaler qu'ils sont passés, ce jour, en opposition à C, pour « convocation ». FLUX. Avec une ligne d'un maximum de trente caractères pour spécifier leur demande. C'est un EXD, un entretien de courte durée, dont seuls les agents de Pôle Emploi peuvent comprendre la mystérieuse signification.

EXD 14/05/09 F A PRÉVENU ABS RDV 15/05 W

Ce qui signifie : ce demandeur d'emploi s'est présenté, le 14 avril, à l'accueil, pour prévenir de son absence à son rendez-vous du 15 avril. Le « W » indique qu'il ne peut se présenter car il travaille ce jour-là. Le terme « travail » étant bien trop long pour la petite case du logiciel. Si les choses se déroulent bien, le demandeur adressera par courrier « C » un justificatif qui le délivrera de toute autre formalité. Et donnera lieu à un lapidaire :

EXD 17/05/09 F C : CONTRAT DE W CDD/AV

Dont je n'ai toujours pas déchiffré l'énigmatique AV. S'il n'envoie pas son justificatif, il entrera dans une procédure de radiation dont il sera sûrement repêché. Malgré toute sa mauvaise volonté.

Mais je m'en moque comme de ma première chaussette ; dans quelques minutes, je ne me souviendrai plus ni de son visage ni du motif de sa visite, pourtant si important à ses yeux. La petite ligne inerte de l'EXD sera la seule relique de son passage. Le plus souvent, les dossiers se résument à la litanie obscure de ces codifications égrenant les aléas et les péripéties d'une vie. Le plus souvent, les demandeurs se résument à leur dossier. Il est le seul à se souvenir d'eux.

Il y a tout de même quelques personnages. Les habitués. Ceux dont tous les conseillers connaissent le nom et le visage. Pour une seule et unique raison. Leur nocivité. Parce qu'il faut impérativement les repérer. Dès qu'ils franchissent le sas. Je les découvre un par un. Au hasard de leur passage. Mes collègues me glissant quelques mots chuchotés pour me prévenir. Ce vieux monsieur ? Il faut lui éviter toute attente et le faire recevoir directement par Geneviève, la directrice adjointe. Ce père de famille au regard dur ? Ne réponds pas à ses provocations, il ne vient que pour la bagarre. Cette vieille dame répugnante ? Fais comme si elle n'existait pas, elle va repartir une fois qu'elle aura fini de t'invectiver. Ce jeune en jogging blanc ? S'il passe la porte, cours aussitôt chercher un responsable. Ils sont connus pour leur violence, pour leur instabilité. Pour leur folie. Et par-dessus tout, parce qu'ils ne se présentent absolument pas dans l'optique de chercher un travail ou d'obtenir un renseignement. Ils ne sont guidés que par l'impérieux désir de dégoter un être humain sur lequel déverser leurs démons.

Les chuchotements de mes collègues sont la seule indication qui me permet de les identifier. À mon grand désarroi, ils ne se promènent pas avec une étiquette « Fou dangereux » collée sur le front. Et leur dossier ne mentionne nullement cet aspect mineur de leur personnalité. Aucune trace de leurs coups d'éclat. Pas le moindre petit indice de leur agressivité. Anonyme. Comme les autres.

Le fameux père de famille vient justement de me harceler pendant une bonne demi-heure. Tentant de provoquer une rébellion générale. Aboyant sur l'incapacité de nos services et sur la médiocrité des offres d'emploi proposées. Un classique. Me prenant à partie. Et finissant, dans une tentative de déstabilisation pitoyable, par m'inviter à boire un café.

La comédie humaine continue de défiler à l'accueil. Sous mes yeux ébahis. Une jeune femme, pull en laine marron, jean noir et blouson indéterminé, a besoin d'un CV. Sur-le-champ. Pour un rendez-vous demain matin. Elle est en recherche d'emploi depuis plus d'un an, et c'est aujourd'hui, la veille d'un providentiel entretien, qu'elle se préoccupe enfin de ce négligeable document. Je n'ose même pas la diriger sur le Rédac CV. Son ton autoritaire. Son regard mauvais. Son rictus belliqueux. Tout en elle indique l'imminence d'un feu d'artifice de sympathie. Je prends donc le papier griffonné qu'elle me tend et lui demande de repasser demain matin. Elle trouvera, à l'accueil, son CV fraîchement corrigé et dactylographié par mes soins. Elle ne manque pas d'afficher sa surprise. Elle avait imaginé qu'un conseiller bondirait frénétiquement, enfin libéré de l'insoutenable attente de l'inaction, pour saisir fébrilement les trois lignes de son expérience professionnelle. Personne suivante ?

***

Il y a cependant quelques comètes imprévues et magnifiques, et l'une d'elles se tient juste devant moi. Un homme, la cinquantaine, pull-over rouge pétard et jean délavé, me demande poliment, avec un petit sourire discret, s'il me serait possible de lui donner du papier car, m'explique-t-il dans un chuchotement respectueux, l'imprimante de l'ordinateur qu'il utilise dans la zone de libre accès en manque. Je réalise que j'ai affaire à un véritable gentleman. La plupart des usagers rencontrant cette complication se contentent de s'agiter sur leur chaise en me hélant grossièrement de l'autre bout de la pièce. C'est la première fois que je vois un demandeur faire patiemment la queue pour une demande de ce type. Je file donc lui chercher au pas de course du papier pour recharger l'imprimante, qui, de joie, se met à débiter une liasse considérable d'offres d'emploi qui viennent nous noyer les pieds. Il s'excuse mille fois devant le monticule de papier. J'en oublie complètement la file d'attente et frise carrément l'excès de zèle en m'inquiétant du bon déroulement de sa recherche. Je sais pourtant que je n'ai pas de temps pour ce genre de préoccupations contre-productives. Mais il se trouve justement que mon demandeur de l'année se bagarre pour comprendre le principe de la télécandidature, et que je ressens un irrépressible besoin de lui rendre la politesse. Je lui en expose donc les mystères dans les grandes lignes. Et le regarde, effarée, prendre en note ce que je lui raconte sur un petit calepin bleu.

La file d'attente, à ma grande surprise, ne manifeste pas une allégresse bienheureuse devant cet adorable tableau. Et je suis contrainte de retourner à mon poste. Lui conseillant de ne pas hésiter à m'interrompre en cas de problème. Lui précisant de ne pas refaire la queue. Il ne tarde pas à s'emmêler les pinceaux sur le site Internet. Je me retrouve donc avec mon demandeur en or debout à ma droite, derrière mon pupitre, profitant de chaque ralentissement du flux pour compléter sa télécandidature, me remerciant chaleureusement chaque fois, et détournant autant qu'il le peut les yeux lorsque je consulte le dossier d'un autre demandeur.

En théorie, ce cas de figure ne devrait jamais se présenter. L'accueil devrait toujours être tenu par deux agents, l'un se chargeant de traiter les questions et demandes diverses de la file d'attente, l'autre patrouillant entre les ordinateurs pour voler au secours des bras cassés de l'informatique. C'est ce qu'indiquent les descriptifs de poste et la charte qualité. Mais il semble malheureusement que le fonctionnement de Pôle Emploi repose avant tout sur la sainte maxime spécialement inventée pour l'occasion : quand on peut le faire à deux, on peut le faire tout seul. Le sous-effectif est la règle. Et pas question d'avoir deux salaires pour la peine.

Toutes les agences ne fonctionnent pas pour autant sur le même modèle. Il en existe où tout un escadron d'agents se charge de l'accueil, de la zone de libre accès et du service immédiat. Pourtant, Pôle Emploi a beau essayer de normaliser tout cela à grands coups de charte qualité et de descriptif métier, la débrouille reste le seul moyen de faire tourner la machine. Ici, les conseillers se sont battus bec et ongles pour conserver le SI, le Service Immédiat, qui reçoit les demandeurs se présentant sans rendez-vous avec un problème complexe. Afin de ne pas les renvoyer sur le 3949 ou à leur prochain entretien de suivi mensuel. En contrepartie, nous avons dû renoncer à positionner un second agent à l'accueil. Dans l'univers fantastique du sous-effectif, tout se paye. En l'occurrence, ce sont les conseillers qui payent le maintien d'un service aux demandeurs.

Remplir cette fichue télécandidature est pour le moins laborieux. Il faut tout rédiger : la motivation, la formation, l'expérience, les compétences diverses. J'apprends que mon demandeur est d'origine polonaise et qu'il possède tout un catalogue de diplômes et d'expériences : licence d'économie, de droit, champion européen de tennis de table, chef d'entreprise, chauffeur de maître, responsable de village de vacances, il parle parfaitement le russe, le polonais, l'anglais, l'allemand et le français. Il revient de Russie où il dit avoir passé les cinq dernières années, retiré au fin fond de la taïga, en pleine Sibérie, sur les rives du lac Baïkal, à quelques kilomètres de la tentaculaire cité industrielle d'Irkoutsk. Mes neurones sautent au plafond. Je connais ce paysage. Je l'ai rêvé mille fois, le nez plongé dans des atlas immenses. Le Transsibérien, ce train mythique dans lequel j'ai tant de fois imaginé embarquer, court le long du lac Baïkal et marque l'arrêt à Irkoutsk avant de pénétrer dans les terres mongoles. Il me regarde avec un grand sourire approbateur. Il est monté à bord du Transsibérien, il a vu l'immensité transparente du lac Baïkal, il connaît l'odeur du smog sur la vallée d'Angara, les petites maisons de bois d'Irkoutsk qui s'enfoncent dans le sol jusqu'aux fenêtres, le tramway d'un autre siècle qui s'arrête au petit bonheur la chance en plein milieu des carrefours, et les clochers à bulbes étincelants de l'église du Sauveur.

À dix-sept heures, je ferme l'agence et raccompagne chaleureusement monsieur Zaranovitch. Il est resté tout l'après-midi. Entre mon pupitre et son ordinateur. Il a réussi à envoyer sa télécandidature. J'ai appris que vivait, sur les îles du lac Baïkal et nulle part ailleurs, le seul et unique phoque d'eau douce au monde. Le nerpa, animal d'un naturel très curieux, se laissant facilement approcher en bateau. Pour un peu, nous aurions bu le thé. Et, dans la pénombre des volets clos, pendant que je verrouille mon casier, l'accueil prend silencieusement des airs de gare soviétique.

***

J'arrive tard. L'agence est déjà en effervescence et la cafetière est vide. Je perds un temps considérable à ouvrir un par un tous les placards de la salle de repos à la recherche d'un paquet de café. Et je m'abîme de longues minutes dans la contemplation du goutte-à-goutte désaccordé de la machine. Le brouhaha de l'accueil envahit l'espace et je m'applique à dénicher un ordinateur le plus éloigné possible du vacarme. Au détour du couloir, Henry me sort de ma torpeur. Mon compte a été créé dans la base de données du personnel. Je vais enfin pouvoir me connecter à ma propre session et travailler sous mon propre matricule. Merveilleux ! Je passe un bon quart d'heure sous sa houlette à configurer la multitude de mots de passe et d'identifiants nécessaires à l'utilisation du fameux logiciel maison, de l'intranet, de ma messagerie, de ma session d'utilisateur, de mon espace ressources humaines et de toute une pléiade d'autres systèmes dont j'ignorais jusqu'ici l'existence. Henry, qui est le référent informatique de l'agence, manifeste beaucoup de plaisir dans ces formalités et finit par m'abandonner, le cœur soulagé de me savoir immatriculée, tamponnée, fichée et archivée jusqu'aux oreilles. Je retourne à la cuisine remplacer mon café qui a lâchement refroidi. J'ai donc une boîte mail. Rien que pour moi. Avec une adresse très professionnelle. prénom.nom@pole-emploi.fr. Un de ces petits plaisirs de travailleurs qui fait toute la différence.

La marque de l'appartenance à une organisation. Le sentiment vif et absolu de posséder une place dans la société. Une ridicule adresse mail.

En élève appliquée, je redémarre mon ordinateur afin de répéter la procédure d'identification dont j'ai pris note sur mon calepin. Allumer le poste. Entrer l'identifiant et le mot de passe de session. Aller faire un tour le temps du chargement des paramètres personnels. Lancer Outlook. Entrer mon adresse mail et mon mot de passe. Ouvrir Internet Explorer. Sélectionner DUO. Ressaisir mon identifiant et mon mot de passe de session. Sélectionner une action, n'importe laquelle. Rester calme. Entrer mon premier matricule et le mot de passe correspondant dans le nouvel écran qui s'affiche. Lancer une deuxième fenêtre Internet Explorer. Sélectionner l'adresse de l'intranet. Saisir mon deuxième identifiant de session et le mot de passe. Ne pas m'emmêler les pinceaux. Je devrais même, pour faire dans l'exhaustif, ouvrir une troisième fenêtre Internet Explorer afin de me connecter à RDVA, Rendez-Vous Agence, le logiciel de gestion des plages de rendez-vous, en saisissant le mot de passe et l'identifiant communs à toute l'agence.

Mais je renonce et file partager une cigarette avec Cécilia. Qui ne comprend pas plus que moi pourquoi nos outils sont si lourds et si peu intuitifs. Mais elle sait qu'il est inutile de s'en plaindre. Elle a l'expérience de la résignation. Les humanoïdes dérangés qui conçoivent, dans de petites pièces surchauffées au sommet de tours de verre infernales, les systèmes que nous utilisons chaque jour n'ont pas d'oreilles. Rien ne sert de s'époumoner en revendications. Rien ne changera. Sclérose administrative. Incurable.

Mon ordinateur a, évidemment, profité de mon absence pour se mettre en veille dans l'unique but de me demander, une fois de plus, identifiant et mot de passe.

Je constate alors avec effroi que ma toute nouvelle, fraîche et innocente boîte mail affiche déjà complet. Elle est pleine à ras bord. Et il ne s'agit pas d'une attaque de spams particulièrement agressive. Ni de missives de demandeurs d'emploi, aucun n'ayant connaissance de mon adresse. Ma pauvre boîte déborde simplement de comptes rendus de réunions. Réunion d'équipe, réunion d'agence, réunion des délégués du personnel, réunion sur les chiffres, réunion sur la fusion, réunion sur les objectifs, réunion de bilan, réunion PST, CRP, CAE, SMP, PPAE, réunion au sommet, réunion du club de tricot du comité d'entreprise. J'ai sous les yeux une semaine de lecture. Et je loue la bienveillance des programmeurs d'Outlook qui ont judicieusement créé un bouton « supprimer tout ». Il serait d'ailleurs pertinent d'en installer un sur le comptoir de l'accueil. Un gros bouton rouge. Qui effacerait la file d'attente, dans un petit nuage de fumée poétique. On pourrait d'ailleurs imaginer tout plein d'autres boutons. Pour « forwarder » le demandeur à mauvaise haleine au rayon dentifrice du supermarché le plus proche. Pour « archiver » définitivement Tentation de la vocation. Ou pour cataloguer comme spams les habituels fous dangereux. J'envisage un instant d'organiser une réunion à ce sujet. Cela ferait un compte rendu admirable.

Je retourne à la cuisine, en faisant un détour par l'accueil, pour vérifier que le collègue qui y est enchaîné ne s'est pas fait écharper. La vieille clocharde déplumée est encore pendue au combiné de la cabine téléphonique. Elle explique, paniquée, à l'agent anonyme du 3949, qu'elle est toujours poursuivie par les huissiers, qu'il faut l'aider, qu'il ne lui reste, cette fois, plus que trois minutes de crédit, que la ligne va couper, et qu'elle sait bien que c'est parce que les Assedic jouent ses indemnités en Bourse qu'elle ne les touche pas. J'imagine l'ambiance au bout du fil et croise le regard mi-moqueur mi-atterré de ma valeureuse collègue Marine, qui assure avec flegme l'accueil des siphonnés du jour.

La salle de repos est pleine de monde. Il se déroule une sorte de réunion sauvage dont on pourrait intituler le compte rendu « Échanges de pratiques ». Lætitia, Charlotte, Estelle et Christine débattent d'un sujet de la plus haute importance : la part du mensonge dans la rédaction d'un CV. Estelle, fidèle à elle-même, est particulièrement vindicative. Mais je découvre une Christine que je ne soupçonnais pas. D'habitude calme et réfléchie, elle se lance à corps perdu dans une tirade particulièrement inspirée. Les demandeurs sont tous des idiots qui ne comprennent rien à rien. Qu'ils mentent sur leur CV passe encore, c'est une pratique courante et les recruteurs ne vérifient jamais le moindre petit bout d'information. Mais qu'ils présentent le même CV frelaté à leur conseiller Pôle Emploi met Christine dans un état de rage peu commun. Elle fulmine devant tant de sottise. Elle vient de proposer à un demandeur de valider un niveau bac + 3. Un an de formation financé et rémunéré par Pôle Emploi. Mais cette andouille s'est alors retrouvé contraint d'avouer que son bac + 2 n'était qu'une vue de l'esprit. Le beau projet s'est immédiatement évaporé, laissant le demandeur se dandiner honteusement sur sa chaise.

Le CV artificiel est pourtant la base de la recherche d'emploi, et je m'attache donc à le défendre bec et ongles. Je ne suis pas la seule à faire preuve d'un manque total de moralité à ce sujet. Lætitia et Charlotte me suivent de près. Il est vrai que c'est importun lorsque cela trouble notre analyse de la situation d'un demandeur. Mais l'infortuné s'imaginait sûrement que nous allions le mettre en contact avec des entreprises. Il nous a donc remis son meilleur CV. Celui où il n'y a aucune période sans emploi. Car, c'est bien connu, recruter un chômeur, c'est toujours une mauvaise idée. Mes collègues voulaient juste râler un bon coup, elles se retrouvent au pied d'un casse-tête aussi épineux qu'un oursin tout frais. Subitement, plus personne n'a le temps de papoter en salle de repos.

Elles savent bien que tous les malappris qui végètent à l'accueil sont inemployables. Pas parce qu'ils sont fous à lier, incompétents, grossiers et incapables de s'exprimer dans un français correct. Mais parce qu'ils sont chômeurs. Et les demandeurs plus civilisés que nous rencontrons lors du suivi mensuel souffrent de la même maladie.

D'ailleurs, le logiciel des Assedic qui calcule, lors de l'inscription, le risque de chômage longue durée d'un demandeur prend en compte ses antécédents. Plus les périodes d'inactivité sont nombreuses, plus le risque de rester sans emploi est élevé. C'est ce que l'on appelle, pour rester poli, un cercle vicieux. Moi-même, je participe à cette grande mascarade. Combien de fois ai-je fait preuve d'une hypocrisie ignoble en proposant au demandeur, qui venait chercher un travail, d'utiliser les ordinateurs de l'accueil afin d'avoir accès à la fantastique banque d'offres d'emploi en ligne ? Alors que la seule réponse correcte était : « La France souffre actuellement d'une rupture de stock sur ce produit. Repassez dans une petite dizaine d'années. » On aurait d'ailleurs pu se contenter d'inscrire cette réplique sur un panonceau et de fermer l'agence. Mais la disette qui sévit en matière d'emploi relève carrément du tabou, et l'on ne dit pas « aggravation de la pénurie d'emplois » mais « augmentation du nombre de chômeurs ».

Le chômeur est responsable de son chômage. Comme il y a du travail en abondance, s'il n'en trouve pas, c'est qu'il n'a pas vraiment cherché. S'il n'a pas vraiment cherché, c'est soit parce qu'il est fainéant, soit parce qu'il est trop bête.

Les supporters du Paris-Saint-Germain ne s'y trompent d'ailleurs pas quand ils se lancent dans la rédaction de banderoles pour honorer un match contre Lens. « Pédophiles, chômeurs, consanguins : bienvenue chez les Ch'tis ! » Les choses sont claires, le chômage est une tare.

Nicolas Sarkozy a lui-même un avis sur la question. Il souhaite « qu'un chômeur ne puisse pas refuser plus de deux offres d'emploi successives » et il le claironne fièrement sur TF1, le 4 février 2007. Notre si charmant pas-encore-Président est donc ferme. Il a découvert que les chômeurs se la coulaient douce en faisant la fine bouche et il profite de sa campagne électorale pour proposer une solution : obliger les fainéants à retourner au turbin.

Avouer sur son CV que l'on est affligé à la fois d'une tare honteuse et d'une paresse à toute épreuve n'est donc peut-être pas l'idée du siècle. Et, finalement, mentir sur son CV, c'est faire preuve d'une réelle volonté de retravailler.

En réalité, ce qui chiffonne Christine, c'est d'avoir perdu son temps à rechercher une formation bac + 3 pour un demandeur disqualifié d'avance. Elle se moque complètement de la poésie des banderoles dans les matchs de football. Et j'en suis réduite à expliquer le fond de ma pensée au micro-ondes. Qui m'écoute d'un air absent.

Lorsque je retourne à mon poste, ma boîte mail s'est à nouveau remplie. On m'annonce notamment que, pour des raisons de maintenance, le système informatique sera entièrement inutilisable à partir de midi. L'après-midi s'annonce long et morne. Heureusement, une réunion est prévue.

***

Cécilia m'emmène au japonais. Un minuscule restaurant tout en longueur. Avec des sushis bien frais et un patron exceptionnellement sympathique. Un homme maigre et nerveux comme on en voit dans les films de yakuzas qui nous offre, en fin de repas, deux boules coco. Et nous prenons notre café dans la grande brasserie d'en face qui possède une charmante terrasse avec vue sur le ghetto. Encombrement de voitures garées en double file. Piétons traversant au hasard avec une démarche de cowboy. Clochards miteux occupés à engueuler leurs démons. Petits et gros voyous attendant que l'occasion se présente. L'intérieur de la brasserie est d'une autre époque. Plafonds ornés d'invraisemblables boiseries dans un élégant dégradé de verts. Mobilier de bois sombre et comptoir en zinc. Je m'attendrais presque à croiser des Parisiens typiques, des bobos nonchalants, des cadres supérieurs pressés et des midinettes chiquement lookées. Mais nous ne sommes pas à Paris. Et la grande salle du fond, celle de l'entresol, est pleine comme un œuf. Uniquement des hommes, entre trente et soixante ans, à la mine sombre, tendue et concentrée. Sur les machines à jouer. Une dizaine de gros terminaux de la Française des Jeux encombre la salle. Tiercé. Loto. Rapido. Deux écrans annoncent en continu les résultats. Le sol est recouvert de tickets perdants. J'ai l'impression de pénétrer dans une salle de marché illégale et désargentée. Les regards braqués sur les écrans. Les lignes de chiffres. Les discussions stratégiques. L'odeur du stress. L'argent. Il est quatorze heures, nous sommes vendredi. Il y a de fortes probabilités pour que les hommes qui se tiennent là, devant moi, dans l'insoutenable attente des résultats du Quinté, n'aient pas de travail. Ce sont des chômeurs. Des chômeurs pauvres. Qui répètent, inlassables, les gestes d'un travail à jamais perdu. Qui réinventent, au fond d'une cave, la réussite dont ils sont privés. Ce ne sont pas des hommes qui jouent. Leurs visages sont graves. Leurs traits sont tirés. Ils misent leurs derniers centimes dans l'espoir d'une vie meilleure. À l'abri des regards.

*
* *

C'est ma première vraie réunion d'agence. Avec mes collègues et notre hiérarchie directe. Pas de scandale syndicaliste à l'horizon. Laborieusement, chacun prend place dans la plus grande pièce de l'agence. La salle de réunion. Qui sert également pour les ateliers collectifs destinés aux demandeurs. À droite du bureau du directeur, avec la même vue sur l'herbe verte inondée de lumière. Charlotte prend d'ailleurs d'entrée de jeu l'initiative de fermer les rideaux. Il n'y a pas d'ordre du jour. Il n'y en a jamais. Personne ne peut donc préparer quoi que ce soit. La réunion n'est pas un espace d'échange. Et, je suis prévenue par ma voisine de gauche, il va falloir lutter durement contre l'appel de la sieste.

La hiérarchie prend également son temps pour s'installer. Il y a donc, dans l'ordre d'apparition, Jacques, notre DALE, qui affiche une bonne humeur attendrissante, Geneviève, la directrice adjointe, qui remonte ses lunettes sur son nez dans une tentative de recentrage de l'attention des troupes, et Hubert, le fameux chef des équipes, qui fixe soudainement toute son attention sur un moustique imaginaire. Une fine équipe.

La grand-messe de l'information descendante s'ouvre donc sur un état des lieux des prestations à prescrire. Cécilia, assise à ma droite, fait office de décodeur. Pourtant, je ne comprends rien à la trentaine de minutes que notre directeur consacre au détail du nouveau fonctionnement des prestataires. Ceux qui prennent en charge le suivi de certains demandeurs. Un sujet qui passionne les foules. Manifestement, la nouvelle organisation est pire que la précédente. Tout le monde y va de son commentaire. Et je surprends, sidérée, mon directeur lançant de petits « chut » discrets dans l'espoir d'apaiser les esprits. La sieste, avec tout ce brouhaha, n'est plus vraiment d'actualité.

Le directeur finit par renoncer. Et laisse Geneviève enchaîner sur une grande nouvelle. Les bavardages cessent net. Monsieur Marteau, l'un de nos habitués dérangés, violents et incontrôlables, dont elle se charge personnellement à chaque visite, a atteint l'âge légal de dispense de recherche d'emploi. Il sort donc de nos portefeuilles. Son suivi n'est plus obligatoire. Toute la salle applaudit dans un élan de joie assourdissant. Estelle tente pourtant de faire remarquer que cela ne l'empêchera pas de continuer ses visites hebdomadaires. Elle a raison. Mais voir cet emmerdeur de première se rapprocher inexorablement du cimetière nous enchante. La mort ? Peut-être le seul moyen réellement efficace de se débarrasser définitivement d'un demandeur d'emploi.

Notre lumineux DALE enchaîne brillamment sur les objectifs politiques à tenir. Cette semaine, c'est « opération coup de projecteur sur les CIE ». Je m'attends à l'entendre claironner « un acheté, le deuxième offert ». Le CIE, Contrat Initiative Emploi, est un pur produit opportuniste. Dans lequel la collectivité finance, benoîtement, la moitié du salaire de l'employé. Il ne soumet l'employeur à aucune contrainte. Aucune action d'insertion au bénéfice du salarié n'est exigée en échange. Elles sont simplement évoquées comme possibles.

Le seul impératif concerne le chômeur recruté, qui doit justifier de son niveau de galère. Ce qui se résume à être positionné en parcours accompagnement. Une simple case à cocher dans un dossier. Le CIE est donc un contrat pour tous, partout, tout le temps. Avec la quasi-moitié du salaire prise en charge par l'État, la régions, et les impôts de ma grand-mère. C'est à se demander à quoi pensent les pigeons qui contractent de classiques CDD et CDI.

C'est d'ailleurs ce que se demande la Préfecture. Qui, chaque semaine, décortique les chiffres des contrats spéciaux. Et qui, de temps à autre, nous enguirlande vertement. Car c'est par le conseiller à l'emploi que la bonne nouvelle se propage. Nous devons, à chaque contact, informer demandeurs et entreprises de l'incroyable opportunité du CIE. Mais les conseillers sont moyennement d'accord sur le principe. Cécilia ne l'est pas du tout. Et je découvre que mon directeur n'en pense pas moins. Il nous recommande simplement de laisser tomber la promotion du CIE. Au feu, les objectifs. Et de favoriser le CAE. Contrat d'Accompagnement dans l'Emploi. Qui propose le même service, avec une aide plus élevée, et une limitation, *grosso modo*, aux entreprises publiques et du secteur non marchand. Ce qui change tout. Les petites associations et les chantiers d'insertion ne travaillent pas dans la même logique que les grandes entreprises de distribution. Parfois, elles tentent de réelles actions d'insertion. Et même si les collectivités locales se repaissent goulûment de CAE, il reste moins nuisible que le CIE.

J'aime beaucoup Cécilia mais son explication de texte me donne la migraine, et je me promets de m'installer loin d'elle à la prochaine réunion afin de pouvoir roupiller tranquillement. De toute façon, les objectifs se payent notre tête. Ceux fixés pour l'année 2009 viennent de devenir semestriels. Nous sommes en mai et l'objectif annuel est subitement multiplié par deux. D'ici à ce qu'il soit multiplié par l'indice de satisfaction national des gâteaux à la banane et annexé sur le cours de la chaussure en cuir pour homme, nous aurons déjà été noyés de nouvelles mesures et autres modifications des critères d'éligibilité.

La réunion se termine en apothéose sur une annonce de la première importance : les accueils ne fermeront pas pour le pont de l'Ascension. La direction et les syndicats ont fini par trouver un terrain d'entente. Le point était litigieux. La convention des ex-Assedic stipulait ce jour comme chômé. Pas celle des ex-ANPE. La nouvelle convention Pôle Emploi n'étant pas encore sortie du four, il convenait, pour faire semblant, d'harmoniser tout cela. Et de bien touiller pour enlever les grumeaux.

La direction souhaitait fermer les sites. Les syndicats se sont battus pour que ce jour de congé ne soit imposé à personne. Les syndicats ont gagné. J'ai perdu. Pas de week-end prolongé. C'est la première fois que je travaille dans une entreprise où les syndicats ont une existence tangible. Je les aime déjà beaucoup.

Le ciel est bleu et Paris prend des allures de cité balnéaire. Dans le soleil du matin, je m'installe à la terrasse d'un café du XIe arrondissement. Place Faidherbe. Dans l'ombre chaude du quartier Bastille. Il est encore tôt pour un samedi matin. J'accompagne mon homme au kaju. Au kajukenbo. Un art martial hawaïen qui ne fait pas dans la dentelle et dessine sur son ventre de fabuleux abdominaux. Mon homme est d'une détermination à toute épreuve. Il ne fait pas de compromis. Ce sport de combat est à son image. Terriblement efficace.

Je lézarde au soleil pendant qu'il sue à grosses gouttes. Ces réveils matinaux sont des petits morceaux de paradis. Il me rejoint en pleine forme. Les cheveux humides et la peau fraîche après une douche bien méritée. Nous ne parlons pas de travail, nous faisons comme si la semaine n'existait pas. Comme s'il était possible de la dissoudre dans la lumière du week-end. Et je prends un dernier café, les lèvres distraites par la courbe de sa nuque, pendant qu'il me demande si j'aimerais rentrer faire l'amour avec lui.

Le lundi matin sonne le glas de nos chorégraphies amoureuses. J'émerge des draps les cheveux en bataille. Un grand sourire aux lèvres. Dépose quelques derniers baisers au fond du lit. Jette un coup d'œil sans conviction au vert kiwi que nous avons choisi pour les murs de la salle de bains. Et file attraper mon métro. Mon petit nuage de soucis m'attend sagement au-dessus des portiques antifraude de la station. Le ciel de carrelage blanc étouffe sans bruit mon week-end radieux. Je retourne enchaîner les demi-journées d'accueil et écoper la violence à Pôle Emploi.

Une violence qui se révèle platement répétitive. Retard, absence, attente, photocopieuse, 3949, versement des indemnités. Absence, 3949, photocopieuse, versement des indemnités, retard, attente. Etc. Mes souvenirs se disloquent. Ils fondent dans la moiteur de l'accueil. Les visages et les discours se mélangent. Je suis prisonnière d'une journée qui se répète inlassablement, creusant un peu plus chaque jour son sillon de dégoût.

Mes neurones cristallisent le stéréotype de l'agresseur. Et je me retrouve, le soir, au fond de la rame de métro, la respiration courte et les mains moites, fixant la nuque d'une silhouette floue pour la simple raison qu'elle appelle le souvenir brumeux d'un des enragés de la semaine. Un clochard m'apostrophe. Haleine de piquette bon marché. Et mon corps reste immobile sur la banquette pendant que je lui crève les yeux, répandant sur le sol un flot rouge bouillonnant. Il halète. Il se débat. Ses jambes convulsent pendant que je finis de l'étrangler. Son chandail poisseux est noir de sang. Place d'Italie. Les portes s'ouvrent. Il descend en titubant, invectivant ses fantômes invisibles. La rame retrouve son calme. Mon fantasme se dissipe. Je me fais peur. Jamais je n'avais éprouvé cet instinct brutal du sang et de la destruction. Jamais je n'avais ressenti ce besoin pulsionnel de donner la mort. De tuer. Avec une hache. De lire dans les yeux de ma proie la surprise de me voir riposter. Le masque d'indifférence dont je recouvre mon visage en franchissant le seuil de Pôle Emploi engendre une dantesque faim de vengeance. Je ne suis pas impassible. Je ne suis pas désaffectée. La cohorte des demandeurs d'emploi exhibant leur mépris, leurs a priori, leur arrogance et leur dédain me mortifie. Ils m'humilient. Je ne réponds pas et ils déposent en moi les germes d'une colère noire. Contre laquelle seuls mon sens de la civilité et le casse-tête de la couleur des murs de ma salle de bains font barrage. Mes collègues ne semblent pas souffrir du même phénomène. Peut-être suis-je plus fragile, plus perméable, moins cuirassée, moins sèche. Peut-être suis-je trop jeune et pas assez formée. Je change. Ce travail me change. Il m'apprend la violence.

Heureusement, la direction de Pôle Emploi a tout prévu. Je découvre, ce matin, dans ma bannette, une belle lettre tout en couleurs et sur papier glacé m'annonçant la mise en place du service « Ma ligne d'écoute ». Dans le texte, on m'explique que « Pôle Emploi, sensible à l'amélioration des conditions de travail et à la prévention des troubles de la santé », met à ma disposition un « dispositif d'aide et de soutien psychologique ». Je ne suis donc finalement pas la seule à claquer un fusible. Une batterie de psychologues se tient prête afin de me permettre « d'aborder tous sujets d'ordre professionnel ou personnel pouvant occasionner un mal-être ou une souffrance physique, notamment en cas d'agressivité, de violence, de stress, de relations conflictuelles ou de comportements addictifs ». Je vais enfin pouvoir parler de ce vert kiwi dans ma salle de bains. Et Henry pourra confier son problème de boisson.

Le courrier est assorti d'une petite carte détachable à glisser dans son portefeuille où figure en gros caractères le numéro magique. 0 800 970 428. À glisser dans une poche, au cas où une bouffée d'angoisse nous submergerait aux toilettes. Le coupable de cette charmante missive, monsieur Moezally Rashid, étale en signature l'ensemble de ses responsabilités : « Directeur général adjoint, chargé des ressources humaines par intérim, directeur de la gestion administrative du personnel et de la politique de rémunération ». Il y a donc une politique de la rémunération chez Pôle Emploi. Mes collègues qui ont droit au RSA, le tout nouveau Revenu de Solidarité Active, pour compléter leur salaire doivent ignorer ce détail.

Des rires fusent au bout du couloir, et je surprends mes collègues hilares derrière l'ordinateur de Paulette. Elle a cherché à en savoir plus sur cette ligne d'écoute et a débusqué la procédure sur l'intranet. Il est précisé qu'un numéro d'identifiant sera attribué à chaque appelant et qu'il devra le conserver précieusement afin que son dossier fasse l'objet d'un suivi. L'utilisation du service étant limité à trois appels par personne. Les termes « numéro d'identifiant » irradient l'écran. Rouges. Énormes. Comme une grosse blague. Ceux qui se sont appliqués à la rédaction de cette procédure n'ont jamais mis les pieds dans une agence. C'est manifeste. Et personne n'a pris l'initiative de leur expliquer que le numéro d'identifiant était la marque du chômeur. Son symbole. Sa malédiction. Et que les conseillers trouveraient à l'analogie un goût amer.

Ce matin, je suis d'entretiens. Je ne me presse pas pour m'installer dans un box. Il y a peu de chances que le convoqué de neuf heures pointe le bout de son nez. L'absentéisme atteint des sommets sur les tranches horaires matinales. Neuf heures trente. Personne. Dix heures. Personne. Dix heures trente. Personne.

Je jongle donc, pour tromper l'ennui, entre de multiples pauses cigarette, un ou deux coups de main à Lætitia pour éviter l'explosion de la file d'attente, et de longues divagations sur l'intranet. Tentation de la vocation ne se gêne pourtant pas pour m'interrompre. M'apprenant que mes dates de formation sont arrivées.

Elle est tout excitée pour moi. Elle sautille. Je mets quelques secondes à comprendre qu'elle reste plantée devant moi dans l'espoir de m'accompagner demander ma convocation à Geneviève. Elle se prend pour mon chaperon. Ce qui m'importune franchement. D'une part, je suis occupée à dénicher dans DUO le dossier de Christian Clavier. D'autre part, je sais pertinemment que Geneviève déposera, aujourd'hui ou demain, ladite convocation dans ma bannette. Mais Tentation de la vocation ne comprend pas. Elle reste là. Les bras ballants et des étoiles dans les yeux. Je me lève donc laborieusement et me rends dans le bureau de Geneviève, Tentation de la vocation sur les talons.

J'ai droit à sept jours de formation. Quatre cette semaine et trois la semaine suivante. Au CRDC de Noisy-le-Grand. Tentation de la vocation s'empresse d'éclairer ma lanterne. Elle vient elle-même d'achever sa formation et se ravit de jouer à l'ancienne expérimentée. Le CRDC : Centre de Ressources et de Développement des Compétences. À Noisy-le-Grand, sur la ligne du RER A. Compter une heure et quart de trajet. Plus vingt minutes, selon ma chère collègue, pour rejoindre les bureaux du centre. Elle s'empresse d'ailleurs de me dessiner un plan. L'accès n'est pas simple. Il faut traverser un centre commercial et un parking. Les formations Pôle Emploi, ça se mérite. Je la remercie chaleureusement en priant pour qu'elle me laisse enfin en paix. Et file débusquer Cécilia pour une pause cigarette.

Mais l'accueil est plein comme un œuf et je ne peux me résoudre à laisser Lætitia seule face à la multitude. Elle ne le ferait pas pour moi, mais ce n'est pas une raison. J'entreprends donc d'écrémer le gros de la file d'attente. Deux rendez-vous, une inscription et une Roumaine. Une vraie. De Roumanie. Elle vient protester car les collègues des Assedic lui ont refusé son inscription au motif qu'elle ne possédait pas de titre de séjour avec autorisation de travail. Sa défense est simple : la Roumanie fait partie de l'Union européenne depuis le 1er janvier 2007, elle n'a donc pas besoin de titre de séjour. Et elle se désespère de trouver quelqu'un pour l'écouter. Je n'ai aucune connaissance en droit du travail européen. Mais si je m'aventure à poser la question à une collègue, je suis certaine de me voir opposer une fin de non-recevoir au motif que ce n'est pas notre boulot et qu'il faut s'adresser à la Direction du travail. C'est la fameuse méthode du ping-pong. Les administrations se renvoient les usagers dans l'espoir de les perdre en chemin. Je la fais donc asseoir dans mon bureau. Tant pis si l'un de mes convoqués se présente, il attendra. Et je me plonge dans l'intranet à la recherche de l'information. Sans succès. Alice ne me répond rien. Elle ignore l'existence de la Roumanie. Je m'en remets donc à Google. Qui, au bout d'une dizaine de reformulations de mots-clefs, m'apprend que si la Roumanie fait bien partie de l'Union européenne, ce n'est pas pour autant que la liberté de circulation et d'établissement en France s'applique à ses citoyens. La Roumanie est une sorte de sous-membre de la Communauté. Une période de transition lui est appliquée. Jusqu'au 1er janvier 2014. Une quarantaine pendant laquelle le titre de séjour demeure obligatoire et dont ma charmante interlocutrice ignore tout. J'enfile donc mes plus beaux gants pour lui expliquer la situation. Je lui imprime le texte de loi qui correspond. Je lui remets le descriptif des démarches à effectuer pour obtenir un titre de séjour. Et la raccompagne. Elle reste un moment devant l'agence, assise sur le bord de la jardinière, ma liasse de papiers à la main, le regard dans le vague. Et j'attends longtemps qu'elle s'en aille pour sortir chercher mon repas. Aucun de mes rendez-vous n'est venu ce matin.

Je déjeune seule de mon invariable salade tomates-mozzarella. Je ne suis pas pressée et je m'occupe à lire les panneaux d'affichage et les petits papiers accumulés sur un coin de table. Un journal syndical, qui sort tous les six mois. Deux appels à la grève. Des manifestes sur le métier de conseiller. Des articles de journaux photocopiés dénonçant la fusion. Les offres spéciales du comité d'entreprise : séances de massage, week-end chez Disney, soirées au Lido, vacances à Cancale, vélo d'intérieur moitié prix. Et une drôle de petite gazette, mensuelle, imprimée sur un feuillet de couleurs pastel. Vert. Bleu. Jaune. Rose. Avec quelques dessins humoristiques. C'est l'actualité de Pôle Emploi version envers du décor. Les nouvelles en direct du front. Une multitude de courts encarts qui épinglent une situation précise dans une agence donnée. Un condensé de réalité. Un quadrillage méthodique des dysfonctionnements. Des situations absurdes. Des incidents. Collectés, centralisés et diffusés par les syndicats.

Agence de Bagnolet : des locaux de rêve. Spacieux, sur trois niveaux, de nombreux box de réception et une pimpante verrière. Très chic. En théorie seulement. À l'usage, c'est douze degrés l'hiver, trente et un en avril. Une confidentialité inexistante. Et la moitié des bureaux inutilisables pour cause de sur-luminosité. La verrière est très utile pour bronzer, beaucoup moins pour lire son écran. Impossible de recevoir les demandeurs une paire de lunettes de soleil sur le nez. L'installation de stores semble être d'une technicité inimaginable. Cela fait plus d'un an que le projet est dans les tuyaux.

CVE/CRP/contrats aidés Ville de Paris : les rats quittent le navire. Sous ce titre imprononçable se cache une plateforme spécialisée dans des dispositifs de suivi obscurs, mais dont les locaux ont été refaits à neuf. En oubliant d'aménager une salle d'atelier. Les demandeurs sont donc dispatchés dans les agences voisines pour toutes les prestations collectives. C'est optimisé. Les agents se sentent d'ailleurs comme des poissons dans une casserole d'eau bouillante. Alors que leur affectation s'est faite sur la base du volontariat, ils cherchent tous à se carapater. Leurs portefeuilles débordent. La plateforme de services téléphoniques ne fonctionne plus. Les agents refusent d'assurer le service. Ce en quoi ils n'ont pas tort, la plupart des demandeurs nous confondant avec les Pages Jaunes. Le sous-effectif chronique use les derniers audacieux : une vingtaine d'agents pour un fonctionnement normalisé sur trente.

Les conditions de travail ne sont finalement pas plus légères sur les autres sites. Elles ne sont pas pires non plus. Un grand encart se consacre à ma propre agence. Un compte rendu de l'inoubliable réunion qui avait couronné ma première semaine de travail. Où sont fort judicieusement repris les propos de la douce représentante de la direction qui, sous la pluie de récriminations, avait rappelé à l'ordre la vilaine bande de fonctionnaires fainéants en leur expliquant qu'ils ne connaissaient manifestement pas grand-chose au vrai monde du travail, celui du privé, pour oser se plaindre ainsi. Le poussiéreux stéréotype méprisant du travailleur public utilisé par la hiérarchie pour calmer les esprits. Une curieuse conception du management et du dialogue qui me laisse pensive devant ma salade. Sur la pelouse brillante, de petits moineaux exécutent d'insouciants entrechats. Des syndicats, je ne connais que les affichages et les tracts. Je n'ai pas la moindre idée de l'identité de l'auteur de ce compte rendu. J'ignore tout des syndiqués de mon agence. Personne ne s'est présenté. Les panneaux ne mentionnent le nom d'aucun contact. Je ne suis qu'un CDD de droit privé. Les variables d'ajustements ont peu d'intérêt pour les syndicats.

Samia profite de ma méditation pour s'installer discrètement dans la cuisine, déposant un monticule de paperasse au centre de la table. Elle s'empresse de me rassurer. Ce n'est pas du travail. C'est sa demande de RSA. Samia élève seule deux enfants et son salaire est si misérable qu'elle entre dans les critères du fameux Revenu de Solidarité Active qui va bientôt entrer en vigueur. Elle n'est pas la seule : Julie, qui assure le suivi mensuel de cent cinquante-quatre demandeurs, en est également bénéficiaire. Pôle Emploi se résume tristement à des travailleurs pauvres, mal payés pour conseiller à d'autres travailleurs pauvres d'accepter un autre travail mal payé.

Des travailleurs pauvres qui, comme les autres, iront s'arracher les cheveux sur le consistant formulaire de demande de RSA.

Sur l'humiliant formulaire de demande de RSA qui décortique implacablement vos ressources. Toutes vos ressources. En bas de page, une petite case offre d'indiquer les éventuels « dons » empochés. La prochaine fois que vous donnerez deux euros à un mendiant au coin de la rue, demandez-lui une facture. Lui, il les déduira de son RSA, et vous, de vos impôts. La logique est implacable : avant la solidarité collective, la solidarité privée. Il est vrai que les familles de pauvres pourraient s'organiser correctement pour manger avant d'aller réclamer les deniers publics. C'est un monde, quand même !

Je quitte la cuisine en jetant un dernier coup d'œil à la bataille administrative qui défigure la table. À moitié dissimulé sous une pile de journaux gratuits périmés, un petit tract qui m'avait échappé tente de faire l'innocent. Daté du 6 mars. Intitulé « Communiqué ». Il se résume à deux phrases. Laconiques. Définitives. Terrifiantes. « Une dépêche de l'AFP vient de nous apprendre le décès d'un agent du Pôle Emploi de Saint-Quentin dans l'Aisne. Ce collègue a été retrouvé pendu sur son lieu de travail, vendredi matin. » Je retourne travailler.

Dans le couloir, je croise Charlotte qui se balade en pantoufles. De grosses pantoufles dinosaures vertes. Elle souffre d'un panaris sur le gros orteil droit, les chaussures la font gémir. Elle reçoit, ainsi fagotée, ses demandeurs qui doivent se demander ce qu'ils ont bien pu faire pour mériter d'être suivis par la folle de service. Cécilia assure le spectacle à l'accueil. Elle jouit d'un vrai sens du contact. Elle sait écouter. Passer par-dessus les a priori. Et apporter une réponse valable sans verser ni dans la condescendance ni dans le rapport de forces. Derrière le petit comptoir, elle est bien plus à l'aise que moi. Sa plus longue expérience n'y est pas pour rien. Le fait qu'elle n'y soit pas enchaînée tous les jours non plus. Mais Cécilia est une denrée rare. Et ses demandeurs ne s'y trompent pas. Ils exigent d'être uniquement en contact avec elle. Quitte à repasser si elle est absente.

Monsieur Zaranovitch fait la queue. Je lui passe sous le nez sans le voir. Sors m'en griller une. Et l'aperçois, à mon retour, toujours dans la queue. Il n'a pas voulu déranger ma pause cigarette. S'il savait. Les demandeurs n'entrent même plus dans l'agence. Lorsqu'ils nous repèrent sur le trottoir, ils viennent déballer leur dossier sur le rebord du pot de fleurs. J'en finis par me cacher dans la petite ruelle adjacente, sombre et exiguë, mais délicieusement paisible.

Je fais asseoir mon demandeur préféré. Il n'est pas vraiment demandeur, d'ailleurs. Il n'a toujours pas engagé les démarches pour s'inscrire. Mon ordinateur a fini de démarrer. Monsieur Zaranovitch a besoin, dans l'ordre : d'un CV, d'une aide pour ses télécandidatures, d'un extrait de naissance pour refaire son passeport périmé, d'une demande de logement social et d'une demande de RSA. Pour le CV, mon imprimante en produit à l'instant une trentaine tout chauds. Pour les télécandidatures, j'enverrai demain son CV aux employeurs qu'il a sélectionnés. Pour le passeport, je fais en ligne les démarches auprès du centre d'état civil. Pour la demande de logement social et le RSA, je préfère l'orienter vers les services de sa mairie afin qu'une assistante sociale l'aide dans ces démarches. J'ai moi-même le plus grand mal à remplir ma demande d'aide au logement.

Monsieur Zaranovitch a droit au meilleur de l'administration. La crème du service public de l'emploi. Dévouement, suivi du dossier, interlocuteur unique, initiative de la part de l'agent, débordement du champ des compétences. La totale. Simplement parce qu'il est sympathique. Simplement parce qu'il fait preuve de respect et de courtoisie. Simplement parce que je ne respecte aucune règle. Un entretien d'une heure sans rendez-vous, c'est du domaine de la faute professionnelle.

Seize heures quinze. Je me retrouve d'accueil. Cécilia avait besoin d'une pause. Alors que la journée s'est déroulée calmement. Pas de cri. Pas d'insulte. J'ai l'immense privilège de réceptionner le mal élevé du jour. Une armoire à glace. Très remontée. Qui ne dit pas bonjour et exige d'emblée de voir le directeur. Dans un rictus patibulaire. J'ai l'outrecuidance de lui demander l'objet de sa visite. Et il n'hésite pas un instant à se lancer dans une tirade furibonde. Monsieur est très remonté contre Pôle Emploi. La nouille lui servant de conseiller ayant omis de l'informer sur les financements de formation offerts par les entreprises d'intérim. Pour faire simple, cet aimable demandeur s'est vu expliquer que Pôle Emploi ne pouvait pas prendre en charge sa formation d'éplucheur de patates. Monsieur ne remplissant pas les critères. Et cela il y a plusieurs mois, lors de son entretien d'inscription. Il a manifestement fini par remuer son postérieur pour se renseigner sur son projet. Et a découvert que son employeur, une entreprise d'intérim, offrait des financements. Par le biais du Fonds d'assurance formation du travail temporaire, le FAFTT. Ce qui est tout à fait vrai. Il revient donc dans son agence Pôle Emploi. Afin de se plaindre. Bruyamment. De notre incompétence qui lui a fait perdre de précieux mois dans la réalisation de son projet. Il est vrai que c'est parfaitement ahurissant qu'il ait été obligé de se renseigner. J'imagine le calvaire qu'il a dû vivre. Condamné à agir par lui-même, contraint de poser des questions, de se déplacer et peut-être même d'ouvrir un annuaire. Scandalisée, je préviens immédiatement mon directeur, qui le reçoit avec un grand sourire, très heureux à l'idée de le remettre à sa place.

L'armoire à glace ressort de son bureau lessivée, les yeux cernés, le teint livide. La technique de Jacques est imparable. Il prend le demandeur récalcitrant dans le sens du poil. Se montre affable et compatissant. N'hésitant pas à engager la conversation. En quelques minutes, le conflit est désamorcé. La torture peut commencer. Pendant plus d'une heure, la victime est contrainte d'écouter ce directeur, avec lequel elle n'a plus aucun litige, parler de la pluie, du beau temps, et de l'installation d'une nouvelle station-service sur la grande route. Un calvaire long, douloureux. Et terriblement efficace. La victime quitte l'agence surprise d'avoir survécu, se jurant de ne plus jamais exiger un quelconque entretien.

J'admirais en silence cette astucieuse technique. Implacable. Froide. Méthodique. Jusqu'au jour où j'ai moi-même franchi le seuil du bureau de Jacques, avec une question de débutante sur une traduction de codification dans un dossier. ABS CONTR. La réponse me fut fournie prestement sur un plateau : absence contrôle. Le demandeur concerné, ayant négligé d'effectuer son actualisation en fin de mois, est radié. Simple et concis. Mais Jacques ne s'est pas arrêté là. Alors que la file d'attente engorgeait l'accueil, il m'a retracé l'historique des termes « contrôle », « pointage », « actualisation ». De leur signification. De leur utilisation. De leur étymologie. J'ai alors compris que mon directeur ne séquestrait pas les demandeurs désagréables dans le but de les dissuader de toutes nouvelles revendications. Mais uniquement parce qu'il est une incroyable pipelette.

***

À dix-huit heures, le soleil danse sur les dalles de ma terrasse. Mon homme ne rentrera pas avant vingt heures. C'est le début de soirée du fonctionnaire. Quelques heures solitaires. Entre la sortie des écoles et la grande migration des cadres supérieurs. La ville immobile. Le bleu du ciel silencieux. Connectée au wifi, à l'ombre des arbustes, je me balade sur le Web. Politique, actualité, société. Je finis par accoster le site personnel de Laurent Wauquiez, notre si sollicité secrétaire d'État à l'Emploi. Qui s'amuse comme un petit fou. Il a passé la journée de mercredi au Pôle Emploi de Saint-Ouen, en banlieue parisienne. Sans caravane de journalistes. Sans petits drapeaux griffés UMP. Sans cars de CRS. En immersion totale. Au milieu de vrais demandeurs.

Monsieur Laurent Wauquiez a donc débarqué à l'improviste. Avant neuf heures. Il a testé tous les postes. Accueil. PST. Entretiens. Indemnisation. Plateau-repas. Les agents ont été très gentils. Les demandeurs d'emploi bien élevés. Aucun syndicaliste ne s'est permis une sortie. Vif d'esprit, il a tout de même noté quelques points d'amélioration : les systèmes trop compliqués, le manque de confidentialité des box, les logiciels vieillots. Notamment le Rédac CV. Avec lequel il raconte son farouche combat pour rédiger le CV d'un demandeur. J'espère qu'il n'y a pas ajouté la mention « Mis en page par Laurent Wauquiez ». Même si le risque est faible, il doit encore exister quelques recruteurs socialistes.

Heureusement que notre cher monsieur Laurent Wauquiez a fait le déplacement, il est vrai que nous avions oublié de faire remonter ces petits dysfonctionnements à nos hiérarchies. Il reconnaît, avec une tendre émotion, que le métier est dur, qu'il y a beaucoup de monde et de tensions. Mais il ne s'alarme pas. N'évoque pas la fusion. Ni la situation catastrophique de l'emploi en France. Une visite de routine, en somme, dans un contexte détendu. Je salue tout de même l'effort du déjeuner avec l'équipe. Ce n'est pas évident de manger une petite salade avec une aussi grosse langue de bois.

Les dalles de ma terrasse réchauffent doucement la nuit qui tombe. Je n'oublie pas mes huit heures de travail. Mais mon homme est rentré. Et je dissimule ma lassitude sous les feuilles du rosier. Je comprends maintenant qu'il ne sert plus à rien de raconter ma journée. De m'énerver contre le mal élevé de l'après-midi. De ressasser l'incohérence de mon poste. De me plaindre des nouvelles mesures alambiquées et de la dizaine de mails de modification reçue entre midi et seize heures. Je ne peux rien changer. Et mon homme est tout aussi impuissant. C'est le métier. Et il lui pèse d'écouter la litanie sans fin de mes malheurs professionnels. L'effet de surprise et la stupéfaction du début de mon contrat sont passés. Ils ont laissé place à la répétition. Et mon homme ne souhaite plus partager ces contes absurdes et violents. Il veut dîner en paix.

Je m'endors les poings serrés. L'armoire à glace patibulaire me poursuit dans un grand champ de cactus sous un soleil de plomb. Il souhaite exprimer son mécontentement à l'aide d'un grand couteau.

Formation. Je prends le métro dans l'autre sens. Embarque dans une rame nauséabonde du RER. Laisse défiler quelques arrêts pour mériter une place assise. Me rendors un peu. Sursaute à Noisy-le-Grand. Fais la queue devant les escaliers pour m'extraire de la station. Traverse sans encombre, grâce à l'itinéraire détaillé de Tentation de la vocation, le centre commercial Arcades. Hésite quelques instants au milieu du deuxième étage du parking. Et débouche, trois niveaux au-dessus du sol, sur une place dallée de petits cailloux, devant l'immeuble vitré et défraîchi du CRDC. Le Centre de Ressources et de Développement des Compétences. J'ai quinze minutes d'avance. L'esplanade, au charmant nom préfabriqué de Clos des Courtines, est vide. Le soleil s'effondre dans les façades de verre et me blesse les yeux.

L'intérieur du bâtiment est sombre et feutré. Une rangée complète de tourniquets de sécurité désactivés me sépare d'un grand panneau d'affichage où figurent des centaines de noms. En face du mien, un numéro d'étage et une salle : Les Cyclades. Un ascenseur hors d'âge me dépose au troisième niveau. Les couloirs sont déserts. Les Cyclades sont fermées à clef. Je rejoins l'esplanade par les escaliers et entame la contemplation des façades miroirs en attendant que la journée veuille bien prendre la peine de démarrer.

De petites silhouettes s'agglutinent peu à peu sous les porches. L'air se réchauffe. Neuf heures. Je retente ma chance au troisième étage. Les Cyclades sont ouvertes. Une petite pièce rectangulaire. Des tables. Un tableau blanc. Et une belle femme. La quarantaine resplendissante. Dans une robe beige. Un gros bijou ethnique bleu et argent autour du cou. La formatrice me lance un bonjour dynamique et un grand sourire. Je suis la première arrivée. Nous attendons une bonne vingtaine de minutes mes comparses qui se sont manifestement égarés entre le centre commercial et le parking. Nous sommes une petite dizaine. Quatre hommes. Six femmes.

Nous démarrons par une traditionnelle séance de « Présente ton binôme ». Passage obligé des formations collectives et des réunions de désintoxication. Pierre, quarante-cinq ans, les cheveux clairsemés et de petits yeux noirs cachés derrière une paire de lunettes datant des années soixante-dix, se tourne vers moi. J'ai dix minutes pour tout savoir de lui. Vingt ans d'expérience dans l'insertion en tant que directeur de centre de formation. Il souhaitait évoluer en termes de compétences. Il s'est donc curieusement tourné vers le métier de conseiller à l'emploi. Comme moi, il est recruté sur un CDD de six mois. Comme moi, il est rémunéré au lance-pierre. Il travaille dans une agence de banlieue où il a déjà la responsabilité d'un portefeuille d'une centaine de demandeurs.

Nous nous découvrons tous un point commun : nous avons été recrutés le même jour sur le même contrat. Mohamed, les épaules larges et les cheveux en brosse, vient d'achever sa licence de sociologie, il est agent d'accueil, un poste qui n'a pas d'existence officielle, dans la même agence que Roger, plus petit mais coiffé de la même façon, qui a suivi une formation de conseiller à l'Afpa. Sandrine, quarante ans, silhouette longiligne et élégante, possède un parcours décousu entre la culture et l'insertion. Laurence, avec son nez curieusement pointu et son teint de lait, a déjà une expérience dans le domaine des ressources humaines, pour l'instant elle ne travaille pas réellement, elle est en observation. Élise, cinquante ans, était formatrice pour opticiens et a connu une aride traversée du désert avant de décrocher cette opportunité inespérée, elle a tout de la vieille institutrice desséchée. Leïla, vingt-cinq ans, molle et timide, est titulaire d'un BTS secrétariat, elle est uniquement affectée aux tâches administratives et tente de se cacher dans sa manche pendant sa présentation. Antoine, la trentaine dynamique et le cheveu roux, valide une thèse en sciences humaines, son expérience chez Pôle Emploi lui sert de stage. Et tout le monde est persuadé qu'il s'agit de mon premier contrat de travail, Pierre n'ayant rien compris à ce que je lui ai raconté.

Les profils sont hétéroclites. Mais nous possédons tous au minimum un bac +2. Notre formatrice nous trace les grandes lignes de son parcours. Elle a exercé de nombreuses années en tant que conseillère dans diverses agences de la région. Avant de se mettre au chaud au CRDC. Ce dont elle a l'air tout à fait ravie.

Et elle enchaîne. Inévitablement. Sur le petit discours de présentation de l'accueil mixte. Déversant dans nos oreilles tout le bien, la joie et le bonheur que va produire la fusion pour les demandeurs et les conseillers. Pôle Emploi est une merveilleuse mécanique intelligente, performante, belle. Elle achève pourtant sur un bémol. Impossible, en l'état, d'assurer un quelconque service mixte. Les logiciels et les bases de données de l'ex-ANPE sont différents de ceux de l'ex-Assedic. Si un site mixte ouvrait ses portes aujourd'hui, l'agent d'accueil aurait besoin de deux ordinateurs. Un pour les dossiers « Placement ». Un pour les dossiers « Indemnisations ». Il faudra revoir la taille des pupitres. J'ignorais tout de ce détail, mais ce n'est qu'une absurdité de plus dans la course à la fusion.

Elle s'étonne également de l'absence de périodes d'observation et de tutorats pour nombre d'entre nous. Mais Laurence fait remarquer qu'il est, au contraire, bien plus formateur d'être jeté directement dans le bain. Elle est justement la seule à ne pas avoir encore goûté au bain et à bénéficier du confort de l'observation et d'un vrai tutorat. Comment lui expliquer que le bain en question n'est pas rempli de pétales de roses et de mousse parfumée à la fraise, mais d'acide nitrique ? Un composé chimique remarquablement corrosif qui n'a rien à voir avec le jus de citron. Comment lui faire comprendre que, sans formation ni échange avec les conseillers plus expérimentés, les petits nouveaux en sont réduits à la bidouille ? De la bidouille dans de l'acide nitrique. Ceux qui se rongeaient les ongles n'ont plus de soucis à se faire.

Mais je me garde d'intervenir et l'ambiance reste scolaire. La formatrice nous distribue nos supports de formation : cahier d'exercices, manuel, glossaire et un petit chevalet en carton sur lequel chacun s'empresse d'écrire son prénom.

Ces trois journées sont dédiées à l'apprentissage de l'accueil actif. L'AA. Poste que je viens de tenir pendant plus d'un mois. Tout comme Mohamed, Roger et Sandrine. La politique de formation de Pôle Emploi est d'une cohérence sans faille.

Sur le diaporama PowerPoint intitulé « Le service accueil », la première phrase donne le ton. « L'accueil est le premier service délivré aux clients. » Aujourd'hui, en

France, il n'y a plus de citoyens, il n'y a que des consommateurs. Des consommateurs exigeants. Avant, quand les poules avaient des dents, les administrations se cantonnaient à accueillir des usagers qui possédaient des droits et des devoirs et qui avaient la désagréable surprise de se les entendre rappeler lorsqu'ils osaient franchir le seuil d'un service public. Tout cela sentait un peu la naphtaline et pas assez le libéralisme. Diverses politiques de modernisation ont donc été pensées et mises en place dans le but de ne pas brusquer le consommateur. Afin qu'il se sente aussi à l'aise à Pôle Emploi ou dans sa mairie qu'à la caisse de son supermarché favori. Le lexique a bénéficié d'un ravalement de façade. L'administré suranné est devenu un client pétillant.

Les politiques s'y sont attelés à coups de tractopelles, de chartes et de rapports ministériels. Après le poulet fermier Label Rouge, le Pôle Emploi certifié Charte Marianne. Des conseillers de qualité supérieure, élevés en plein air, garantis sans antibiotiques. C'est, en substance, le contenu du PowerPoint dont l'animatrice nous fait l'honneur de la lecture. Les engagements qualité. Revus et corrigés à la sauce Pôle Emploi. Un condensé de théories de l'accueil avec de jolies phrases bien tournées. Du type : « L'animation de l'accueil est un élément clef de l'organisation afin de développer l'autonomie des clients. » C'est beau. C'est grand. C'est vide de sens. J'attendais du concret. Je rêvais de vraies solutions pour, justement, rendre mon petit grand-père autonome sur les services Internet sans être contrainte d'essuyer un pugilat dans la file d'attente. J'ose poser la question. On me répond qu'il me faut accompagner le demandeur sur l'ordinateur afin de lui présenter les services et de lui apprendre à les utiliser. Je rétorque que je n'en ai pas la possibilité car, la plupart du temps, vingt clients pétillants font la queue derrière papy. On m'indique qu'il existe des ateliers délivrant cette prestation auxquels je peux inscrire mon grand-père. Je fais à nouveau remarquer que les salles d'atelier ne bénéficient pas d'ordinateurs, et que les clients en ressortent rarement plus autonomes. On ne me répond pas. Mais la formatrice me lance quand même un grand sourire.

Mes compagnons d'infortune réagissent curieusement à mes prises de parole. Deux groupes distincts se forment dans l'étuve qui nous sert de salle de cours. Ceux qui ont éprouvé l'accueil et qui acquiescent timidement. Contre ceux qui n'y ont pas mis les pieds. Et qui me jugent légèrement rabat-joie et franchement indésirable. Si la désastreuse gestion des ressources humaines n'avait pas reporté d'un mois cette séance, je l'aurais sûrement jugée pertinente. Malheureusement, je connais le terrain. Et j'enquiquine tout le monde.

Pierre, vieux routard de l'insertion, profite d'ailleurs de la récréation pour m'informer de son point de vue. Et me taxer d'assistante sociale. Ce qui a valeur d'insulte dans le petit monde des conseillers à l'emploi. Il me reproche d'accorder trop de place à l'humain. De faire référence à des situations précises mettant en scène de vrais personnages en chair et en os dont l'existence n'est pas fortuite. Pour lui, ces exemples sont sans valeur. Il ne faut en aucun cas s'y référer. Ce ne sont que des anecdotes. Il leur préfère l'abstraction lyrique et absolue du PowerPoint.

La seconde partie de la matinée est consacrée à des jeux de rôles. Nous devons choisir une situation que nous avons vécue à l'accueil. Une situation banale. Sans conflit. Une de ces fameuses anecdotes insignifiantes. Et nous glisser, à tour de rôle, dans la peau du demandeur, face à l'un de nos camarades mimant le conseiller.

Je me retrouve face à Mohamed qui porte une chemise pour l'occasion et qui m'assène un menaçant « Je veux un travail » en guise de salutations. Le sol s'ouvre sous mes pieds. L'espace d'un instant, la moquette de la salle de cours disparaît sous un hideux carrelage orange et je me retrouve derrière mon pupitre d'accueil. Je tente d'aiguiller mon faux demandeur sur le site Internet où toutes les offres sont en ligne. Il devient agressif. Il ne veut pas utiliser Internet. Il veut un emploi. La machine se grippe. Je n'ai pas envie de jouer à faire semblant d'être chahutée. Je renonce. Je bafouille, rouge comme une pivoine, à l'adresse de mes camarades que dans une telle situation mon réflexe serait de faire appel à un collègue. Et me presse de rejoindre mon siège près du radiateur. Humiliation publique.

Les commentaires ne fusent pas. Mon tortionnaire raconte la fin de son histoire, vécue. Le demandeur s'est franchement énervé. Les vigiles sont intervenus. Mohamed exerce à Aubervilliers. Une terre sauvage où les Pôles Emploi bénéficient de la présence de personnel de sécurité. Deux costauds dont la tâche consiste à jeter dehors *manu militari* les clients mécontents. Une conception novatrice du service après vente.

L'heure du déjeuner nous libère. Plateau-repas en main, mes collègues piaffent d'impatience devant le buffet des desserts. La tension est palpable. Il n'y en aura pas pour tout le monde. Je joue des coudes pour arriver en caisse. Et découvre Laurence en train de râler sur l'employée. Le total de son plateau dépasse le montant de son bon gratuit. Et elle préfère se montrer désagréable plutôt que de s'excuser de son inattention. Il est vrai que les consignes n'étaient pas claires. Sur son ticket, de grosses lettres grasses indiquent le crédit correspondant, mais aucune affichette ne rappelle d'y faire attention. Laurence est une consommatrice exigeante. Elle m'apostrophe pour me rallier à sa cause. Et m'accompagne jusqu'à la table où les conventions sociales m'obligent à partager carafe d'eau, corbeille de pain et bilan des opérations avec mes collègues.

Ils sont ravis de cette formation. L'échange de compétences les passionne. Ils trouvent la formatrice géniale et le groupe très sympathique. Je concède du bout des lèvres qu'il est rafraîchissant de découvrir de nouvelles têtes et le fonctionnement d'autres agences.

Effectivement. C'est rafraîchissant. Derrière la façade trompeuse d'une organisation normalisée, je démasque une multitude de pratiques hétéroclites. Sur l'unique poste d'accueil, les différences se multiplient à une vitesse folle. Mon agence positionne un seul agent avec, en matinée uniquement, une personne en renfort qui reçoit les cas complexes. Celle de Laurence dispose de deux personnes en permanence, dont l'une se charge d'accompagner les demandeurs sur la zone de libre accès, la ZLA, qui regroupe les postes informatiques, les téléphones en libre accès, le Rédac CV et la documentation. Mais personne n'est planifié pour recevoir les demandeurs au débotté. À Aubervilliers, quatre agents assurent ces services en continu. Chez Sandrine, les demandeurs avec rendez-vous disposent d'une file d'attente indépendante et d'un agent attitré.

Ces disparités sont très rigolotes, comme le fait remarquer Laurence, mais elles ne sont pas sans conséquences. La mise en place de services globaux, comme le 3949, se heurte douloureusement à cette réalité. Personne n'a jugé utile de procéder à une harmonisation des pratiques avant de mettre en place un numéro de téléphone unique. Les spécificités de chaque agence ne sont répertoriées nulle part. Officiellement, elles n'existent pas. À moins de disposer d'une boule de cristal en état de marche, impossible de délivrer une information fiable.

Les expériences de chacun d'entre nous sont surprenantes de différence. Je découvre que l'accueil n'est pas forcément un enfer sans nom, même pour une jeune recrue qui y passe toutes ses journées. Je découvre que certaines agences se prennent pour des machines à radier, que d'autres imposent aux conseillers des cadences de travail dignes d'un bagne et que la population des demandeurs ne se ressemble jamais. Les agences des arrondissements chic de Paris affichant une nette tendance à rencontrer bien moins d'agressivité, tout comme celles munies de vigiles. Je ne regrette pas pour autant l'échec de Pôle Emploi à normaliser les pratiques. Les demandeurs ne sont pas des steaks hachés. Nous ne sommes pas chez McDonald. Et il est impossible de définir avec précision une température de cuisson idéale pour tous. Il me semble parfaitement cohérent que chaque agence adapte son fonctionnement à son public.

Les plateaux-repas sont vides. Les estomacs sont pleins. Mais seule une moitié des élèves a réintégré la salle de cours. Il manque une grosse partie du bataillon des filles. Qui ne se présentera qu'une bonne heure plus tard. Elles sont allées faire un brin de shopping. Pendant que nous regardons l'heure tourner. Elles finissent tout de même par s'installer bruyamment, prenant grand soin de ne pas froisser leurs cabas. Et je commence à douter naturellement de la sincérité du sourire de la formatrice.

Nous embrayons sur un thème passionnant : communiquer avec le client. Notre client n'est pas un être humain comme les autres. Il ne s'agit pas d'écouter sottement ce qu'il dit et de lui répondre en conséquence. Nous devons adopter des postures et des attitudes spécifiques afin d'optimiser son accueil. Tout cela a été longuement réfléchi. Afin d'élaborer un resplendissant PowerPoint.

Je découvre donc avec embarras que la communication est constituée de sept niveaux. Laurence, qui bénéficie d'une longueur d'avance grâce à son bagage en ressources humaines et qui maîtrise parfaitement la posture du fayot, se précipite pour les formuler. Agitant pathétiquement sa main en l'air. Il y a donc : ce que l'on veut dire, ce que l'on dit, ce que l'autre entend, ce qu'il écoute, ce qu'il comprend, ce qu'il retient et ce qu'il transmet. Ce saucissonnage supposant une perte d'information à chaque niveau. Ce qui explique pourquoi votre patron vous répond que la machine à café sera bientôt réparée quand vous lui demandez une augmentation.

Nous coulons donc lamentablement au fond d'un puits de théorie à la guimauve. Où nous passons tout l'après-midi. Il fait chaud. L'air a un goût de poussière. Je lutte laborieusement contre un sommeil libérateur. Mes paupières sont en plomb. Et même les interventions prétentieuses de Laurence ne parviennent pas à me reconnecter.

Cette formation est une imposture. Un canular. Debout au milieu de la rame du RER qui nous raccompagne dans nos pénates, Sandrine écoute sereinement mes doléances. Elle partage mon avis. Rien de ce qui a été dit durant cette première journée ne sera utile, la semaine prochaine, quand nous reprendrons nos postes. Rien.

***

Je retrouve mon homme dans la fraîcheur du soir. Il m'a conviée à une petite réunion d'anciens. Et je rencontre, avec plaisir, quelques-uns de ses amis. L'ambiance est douce. Le vin blanc bien frais. La terrasse du café confortable et animée. Se tient en face de moi un grand gaillard, pipe au bec. Il est l'heureux patron d'un bar-restaurant du quartier nouvellement tendance de Belleville. Forcément, nous parlons boulot. Ce n'est pas tous les jours que j'ai sous la main un représentant du patronat. Qui plus est d'un secteur qui éprouve le plus de difficultés à dénicher des employés. Et j'ai l'ambition de lui tirer les vers du nez afin de conseiller au mieux mes petits demandeurs. Je ne tombe pas des nues lorsqu'il m'annonce ne jamais avoir fait appel ni à Pôle Emploi ni à l'ANPE. Mon service public a une réputation aussi mauvaise chez les demandeurs que chez les employeurs. Il se contente de déposer son annonce sur un site spécialisé dans l'hôtellerie. Le nombre de réponses lui suffisant largement. Mon homme écoute distraitement notre conversation, tout en participant à celle d'à côté et en caressant ma main sous la table. Il s'applique à remplir courtoisement mon verre de vin dès que celui-ci atteint un seuil critique.

Nous en venons vite au cœur du problème : sur quels critères ce patron choisit-il de rencontrer un postulant ? C'est là un des grands mystères de la recherche d'emploi. Ils sont peu nombreux ceux qui n'ont pas connu l'angoisse diffuse mais tenace qui suit l'envoi d'un CV. Cette conscience de ne plus rien maîtriser. D'être à la merci d'un jugement hâtif et infondé. Basé sur d'obscurs éléments dont nous ignorons tout. Et le grand gaillard frappe fort. Après avoir posé sa pipe quelques minutes afin de réfléchir hors du nuage de fumée, il désigne le premier critère définitif. Celui qui guide le CV vers la corbeille ou vers la postérité. L'adresse. Les considérations sur l'expérience ou la formation ne se feront qu'après validation de la proximité géographique.

Moi qui conseillais à demi-mot d'embellir largement son CV, quitte à donner dans la contrefaçon, me voici bien avancée. Il suffit de mentir sur son adresse. Un mensonge facile. Tout petit. Qui ne coûtera pas grand-chose aux honnêtes demandeurs d'emploi qui rechignaient à rallonger leur expérience. L'enjeu du CV n'est pas de faire valoir son profil, mais d'accéder à l'entretien. Les employeurs étant submergés de candidatures, je me doutais bien qu'ils usaient de petites astuces pour trier rapidement les postulants. Mais l'adresse, c'était trop simple, je n'y avais pas pensé. Mon représentant du patronat est d'ailleurs d'accord avec moi, s'il y a une chose sur laquelle il faut mentir, c'est l'adresse. Ce qui pose tout de même un sacré problème de discrimination sociale. En Île-de-France, les entreprises s'agglutinent sur deux départements : Paris et les Hauts-de-Seine. Les pauvres au chômage ont, en général, la mauvaise idée d'habiter le Val-de-Marne ou la Seine-Saint-Denis. C'est statistique. Leurs CV atterrissent donc directement dans la corbeille. Sans que l'on ait pris la peine de savoir s'ils étaient diplômés, expérimentés ou en possession d'un quotient intellectuel deux fois supérieur à celui d'Einstein. Pour en finir avec la discrimination géographique, une seule solution s'impose : délocaliser les demandeurs. Et leur offrir, en même temps que leur inscription à Pôle Emploi, une domiciliation dans un département florissant. Avec une préférence pour les adresses prestigieuses. 92, avenue des Champs-Élysées. Au hasard.

Mon homme me regarde avec un grand sourire. Cette adresse, c'est la nôtre. À l'époque tragique où nous cherchions un appartement, nous avions envisagé toutes les possibilités. Même celle du squat sauvage. Il me rappelle les longues investigations sur Internet, les déambulations au cœur de Paris, le nez en l'air, à l'affût des façades obscures et inhabitées, et au péril de notre vie. Mon homme ayant magistralement fini par percuter de plein fouet un lampadaire. Nous avions trifouillé des dizaines de digicodes. Passé des soirées dans les grands paquebots déserts de l'avenue Kléber. Escaladant les escaliers monumentaux et visitant les chambres de bonnes en travaux. Tout excités de découvrir les toilettes abandonnées sur les paliers de service. Et détalant comme des lapins en comprenant que l'immeuble était occupé puisque le chien du concierge aboyait. Le 92, avenue des Champs-Élysées s'était imposé comme une évidence. Immense. Magnifique. Romantique. Entièrement abandonné. Et terriblement prestigieux. Nous avions appris qu'il appartenait à la Société Foncière Lyonnaise. Un obscur consortium d'actionnaires avides qui maintenait la pression immobilière sur la plus belle avenue du monde en cadenassant ses propriétés. Ils avaient décrété de telles hausses de loyer que même le Gaumont, dont les salles occupaient une partie du rez-de-chaussée, avait dû renoncer à son bail. Nous avions erré longtemps au pied de l'empereur de pierre. Cherchant un moyen d'y pénétrer. Mais un soir, alors que nous stationnions en voiture devant l'entrée soudée de grandes plaques de métal qui s'ouvrait sur son flanc, du côté de la rue de Berry, nous embrassant follement dans le cou et riant d'imaginer notre chambre à coucher derrière les grandes fenêtres du troisième étage, nous avions compris que nous étions surveillés. Pas par un banal vigile muni d'un chien. Non. Par un homme au comportement étrange. Qui faisait semblant de chercher quelque chose dans la sacoche de son scooter depuis plus d'un quart d'heure. Casque vissé sur la tête. Comme nous le regardions fixement, il fit mine de s'en aller. Puis revint, toujours à la recherche de la vérité sur l'origine du monde manifestement planquée au fond de sa sacoche, nous jetant des regards furtifs. Son petit manège avait l'odeur tenace des renseignements généraux. Il se tenait d'ailleurs bien trop droit pour un être humain normal. Une rigidité toute policière.

La tablée entière suit notre aventure avec intérêt. S'attendant à ce que mon homme le maîtrise pendant que je crochète habilement la serrure. Malheureusement, nous ne sommes pas les héros d'un film de Tarantino. Et nous avions compris que l'adresse était un bien trop gros poisson pour nous. Politiquement sensible. Nous avons laissé le paquebot centenaire à son abandon. Et emménagé légalement dans un appartement minuscule de l'autre côté du périphérique. Mes yeux brillent au souvenir des corniches, des balcons de pierre et des stores bleus déchirés par le vent. Mon homme m'embrasse à pleine bouche. C'est une de ces aventures qui font l'histoire d'une vie.

*
* *

Malheureusement, mes considérations pragmatiques de la veille n'intéressent pas Pôle Emploi et je renoue avec la poésie des théorèmes abscons dès le lendemain matin. Le programme est enchanteur. Les attitudes d'accueil. L'écoute, l'acceptation, l'absence de jugement, l'empathie et la congruence. La formatrice, qui a choisi pour aujourd'hui un tailleur-jupe bleu profond et une paire de boucles d'oreilles dorées, n'a pas oublié son sourire en plastique au vestiaire. Et elle nous rappelle, toutes dents dehors, de bien positionner la personne reçue au centre de la relation. Une remarque judicieuse, j'avais tendance à me focaliser sur l'agrafeuse.

La posture d'acceptation est tout à fait passionnante. Il s'agit, *dixit* le PowerPoint, de mettre la personne à l'aise, de l'aider à restaurer son image, son estime d'elle-même. En contrant les sentiments de culpabilité ou de dévalorisation systématique. C'est limpide. Le demandeur d'emploi est, *a priori*, mal dans ses baskets. Les médias le dépeignent en parasite fraudeur passant ses journées, allongé en caleçon sur son canapé marron, à naviguer sur des sites érotiques. Heureusement, le super-conseiller qui a studieusement suivi sa formation d'accueil réglera, en quelques minutes, tous ses problèmes d'ego. Sans même le faire asseoir. Économisant ainsi une longue et coûteuse psychothérapie. Le progrès est en marche. Le PowerPoint ne précise malheureusement pas la méthode exacte qui permet ce splendide résultat. C'est un détail. Il appartient à chaque conseiller de faire preuve de créativité.

Ces petits problèmes de perception de soi réglés, le conseiller se doit de faire preuve d'empathie. De se mettre à la place de son demandeur. De comprendre son point de vue. En général, le point de vue d'un demandeur à l'accueil est le suivant : il espère que le fonctionnaire fainéant et sans grade qui tient le pupitre va prendre conscience de l'importance capitale de son problème et faire appel à un autre fonctionnaire fainéant mais mieux placé dans la hiérarchie qui pourra peut-être, enfin, lui apporter tout ce qu'il désire sur un plateau d'argent. En tant que fainéante sans grade, si je fais cet effort d'empathie, si j'arrête de me voiler la face sur ce qui se trame dans le cerveau de mon interlocuteur, ma réaction la plus saine serait de l'abandonner au milieu de l'accueil et de rentrer chez moi en finir avec la peinture de ma salle de bains.

Il existe cependant un second cas de figure : celui du demandeur réellement aux abois. Qui s'est pris les doigts dans l'engrenage administratif. Et qui vit d'amour et d'eau fraîche en attendant que Pôle Emploi daigne examiner son dossier d'indemnisation. Ce qui se trame dans son cerveau relève de la torture. Un long hurlement de douleur et de désespoir entrecoupé de sanglots et de lamentations. Insupportable. Si je l'écoute, ce n'est pas pour repeindre ma salle de bains que je rentre chez moi, mais pour me pendre.

Mon empathie, je préfère la laisser au chaud dans mon vestiaire. Face aux incohérences du système, au mépris et à la malveillance des demandeurs, je choisis, tant que faire se peut, de répondre avec la froideur d'un robot.

Tant pis pour la convivialité. Mais je me garde bien de faire part de mon avis au groupe. D'une part, tout le monde s'en tamponne le coquillard. D'autre part, l'attitude de la congruence mobilise déjà toutes les attentions. Sur le PowerPoint, en guise d'explication, un dessin. Qui rappelle qu'il ne faut pas rêvasser à ses prochaines vacances pendant qu'un demandeur s'adresse à nous. Pierre, sensible à la digression graphique, se fend doucement la poire dans son coin.

La journée s'achève sur un exercice d'une platitude déprimante : rédiger une annonce pour le recrutement d'un conseiller chez Pôle Emploi. Je découvre, sans surprise, que je suis entourée de bras cassés. Incapables de reformuler le contenu du poste ou la nature de Pôle Emploi. Je m'applique, mais Pierre et sa position dominante de doyen me recalent. Il ne sert à rien de décrire le poste. Il faut se limiter à l'intitulé : conseiller à l'emploi. Il a raison. C'est amplement suffisant. Inutile d'effrayer de potentielles recrues.

*
* *

Les deux jours passés dans la moiteur tropicale des murs de verre m'ont épuisée. Lutter contre le sommeil n'est pas de tout repos. Et j'aborde cette dernière journée avec un plaisir non dissimulé. Notre formatrice, émue par notre incompréhension du charabia Pôle Emploi, nous distribue discrètement un glossaire. Document officieux qu'elle a elle-même rédigé. Plus de trois cents sigles tombent enfin le masque. Mes neurones poussent en chœur un soupir de soulagement. Et elle nous dévoile le programme du jour qui s'annonce passionnant : la gestion des conflits à l'accueil. Notre charmante formatrice, tailleur cerise, escarpins beiges, collier en perles de bois, ouvre le débat par une question cruciale. Quels sont les éléments qui peuvent déclencher des hostilités ?

Je réprime un cri à la réponse de Laurence. Elle soutient fièrement que l'attitude du conseiller est seule en cause. J'ai, pour ma part, tout un cortège de propositions, qui vont du demandeur alcoolisé aux erreurs de traitement des dossiers, en passant par la complexité arrogante de tous nos dispositifs et l'incapacité de certains de nos clients à s'exprimer autrement que par la violence. Et je refuse de garder ma langue dans ma poche. La description qui s'ensuit de mes conditions de travail provoque de petits remous dans l'assemblée.

Je fais tout de même quelques concessions. Il est vrai que l'attitude du conseiller n'est pas toujours un modèle de sollicitude. Et j'illustre mon propos par cette petite anecdote sympathique, où Tentation de la vocation faisait preuve d'un zèle de dictateur en exigeant un justificatif de domicile pour l'inscription. Alors qu'il n'est absolument pas nécessaire. Le plafond s'écroule brutalement sur mon nez. Mes collègues sont tous de petits dictateurs zélés. Pierre ne se cache pas de réclamer lui-même ce document. Au cas où. Pour le principe. Pour le plaisir. L'assistance approuve et la formatrice n'intervient pas.

Laurence se déchaîne. Contrôler le domicile des demandeurs est essentiel, afin d'endiguer les fraudes. C'est, pour elle, une demande légitime de la part de notre administration. Elle oublie complètement qu'il ne s'agit que de sa propre initiative. Qu'en aucun cas notre si chère administration ne demande ce document. Vous pouvez habiter sous un pont, dans votre voiture, chez votre grand-mère décédée ou dans une yourte au fin fond du bois de Vincennes, Pôle Emploi s'en moque. Si vous avez travaillé et que vous êtes en règle, vos droits aux Assedic n'en sont pas moins valables. Mais Laurence et le reste du groupe n'en ont cure. Ils confondent joyeusement justificatifs de domicile et papiers d'identité. Et se prennent pour la police de l'immigration. Leur vision du citoyen français en règle semble se réduire à leur propre mode de vie. Petit appartement de banlieue et géraniums sur le balcon. Je pénètre sur les terres de la France avec des ornières.

Elle achève son affligeant discours sur une perle d'ostracisme, s'étonnant du désir des sans-papiers de s'inscrire au chômage et de percevoir des allocations. C'est pour elle un vrai scandale que ces indigents puissent imaginer, ne serait-ce qu'une fraction de seconde, pouvoir rouler Pôle Emploi dans la farine et bénéficier d'aides. Elle n'est manifestement pas au courant du problème des travailleurs sans papiers qui s'acquittent de leurs cotisations chaque mois, sans sourciller, comme tout bon salarié en règle. Elle se contente de la surface de la réalité sans jamais l'interroger. L'arrosage de ses géraniums ne lui laissant pas une minute pour réfléchir.

Se dessine, dans les yeux de mes collègues, l'immonde figure du fraudeur. Chimère protéiforme. Ramassis de fragments de journaux télévisés et de discours politiques puants. Sans domicile. Sans papiers. Sangsue paresseuse et mal rasée. Vivant aux crochets des aides publiques. Pillant le produit du travail des gens honnêtes. Responsable du déficit de l'État et de l'insécurité des stations de métro. Le nouvel ennemi commun est là. Debout, entre nos bureaux. Dans la salle du CRDC de Pôle Emploi. Et notre formatrice, représentante officielle de l'Administration, ne pipe mot. J'assiste, défaite, à l'exaltation d'un obscurantisme banal et assumé. Et mes arguments résonnent dans le vide de ces cerveaux malades.

Mais tout cela n'est pas grave et ils m'accueillent, sans rancune, à leur table pour le déjeuner. Ils m'assurent comprendre mon point de vue de jeune révolutionnaire et me plaignent d'être si souvent chargée de l'accueil. Ils m'affirment que l'expérience de la vie et un peu de maturité me feront rejoindre leurs lignes. Les voir se ruer sur la nourriture plastifiée de la cafétéria et échanger leurs astuces pour les boutures de géraniums me glace le sang.

***

Il s'en faut de peu pour que ces trois journées de formation me fassent prendre des vessies pour des lanternes. Et c'est le cœur léger que je retourne user mon vendredi au pupitre d'accueil. Le RSA, Revenu de Solidarité Active, vient d'entrer en vigueur. Le RMI n'existe plus. C'est officiel. Et une bonne moitié de ma file d'attente compte me cuisiner sur ce sujet. La consigne qu'Hubert me glisse discrètement à l'oreille dès mon arrivée est simple. Personne ne comprend rien à ce nouveau dispositif. Il faut donc renvoyer aux services sociaux de la mairie ou aux caisses d'allocations familiales. Ma matinée se transforme en une partie de ping-pong géante. Je suis maintenant capable de mimer une gamme très large d'expressions de mécontentement. Les demandeurs m'ayant fourni plus d'exemples que nécessaire.

Je déjeune dans la cuisine, heureuse de partager ce moment avec mes collègues. Elles aiment toujours la téléréalité, mais ne me prennent pas pour une cruche. Ce qui est, au vu des événements récents, particulièrement agréable. Samia revient du GU. Le Guichet Unique, dans les locaux des Assedic. Où elle a enchaîné les inscriptions toute la matinée. Elle fulmine. Elle vient de se faire enguirlander par notre directeur. Pour une histoire abracadabrante qu'elle s'apprête à nous narrer. La cuisine retient son souffle.

Il y a quelques jours, alors qu'elle dispensait ses bons

offices au même GU, un demandeur lui a posé une colle. Une colle d'indemnisation. Ayant sous la main ses collègues Assedic, elle a eu la folle témérité de frapper à une porte avec sa question. S'excusant d'interrompre l'entretien en cours. Le conseiller indemnisation a bien voulu la renseigner. Et Samia, insouciante, s'en est retournée vaquer à ses occupations. Ignorant qu'elle venait de commettre une faute impardonnable. Le collègue en question n'a pas attendu vingt-quatre heures avant de faire remonter à sa hiérarchie cette incroyable violation de la confidentialité de son entretien. Hiérarchie qui s'est adressée à la nôtre afin de faire redescendre le courroux sur Samia. Mes lanternes redeviennent définitivement des vessies. J'avais presque réussi à occulter cette histoire de fusion. Et voilà qu'elle me retombe dessus, sans prévenir, entre ma salade et mon éclair au chocolat. Pôle Emploi poursuit sa construction absurde. Les deux mondes ennemis du placement et de l'indemnisation continuent de s'entrechoquer avec fureur. Bientôt, tout ce petit monde travaillera sous le même toit. Le chantier du nouveau site, en face de notre agence, touche à sa fin. Les rumeurs les plus angoissantes prévoient un emménagement fin août.

*
* *

Mais, pour l'instant, rien ne change. Et c'est dans nos bureaux miteux que je croise Marine, folle de rage, le lendemain matin. Elle est enceinte. Son ventre est tout rond et ses pieds gonflent. La dernière fois qu'une femme enceinte a tenu l'accueil, elle a accouché le soir même. Un prématuré. Marine hésite donc entre crise de larmes et colère en découvrant son emploi du temps. Elle se décide finalement à tomber à bras raccourcis sur Hubert, qui n'ose rien répondre. Il ne la rassure pas. Il ne s'excuse pas. Et il laisse les filles de l'agence se dépatouiller entre elles pour se répartir son planning. C'est de la gestion de ressources humaines de haut niveau. Marine n'a pas l'intention de se laisser faire. Elle va lui servir un bel arrêt maladie. Dès demain matin. Avec la complicité de toute l'équipe qui, se fichant totalement du sous-effectif et de la charge de travail qui atteignent des niveaux ingérables, la soutient et lui conseille de déguerpir au plus vite. Nous consacrons une vingtaine de minutes et plusieurs cafés bien chauds à sécher ses larmes. Cécilia, Christine, Julie et moi. Dans la cuisine. Une belle démonstration de solidarité. Mes collègues n'ont pas l'habitude de se plaindre, mais elles endurent tous les jours la violence de l'accueil. Elles en connaissent les répercussions. Elles prennent donc les décisions qui s'imposent. Cécilia s'occupera de l'accueil de ce matin. Les trois autres se répartiront son portefeuille en attendant qu'Hubert se donne la peine de le diluer sur les autres conseillers.

Je cours donc acheter ma salade tomates-mozzarella, qui commence à me sortir par les yeux. Le premier rendez-vous de Marine est à quatorze heures. C'est un jeune homme de vingt-quatre ans. Le même âge que moi. Il n'a pas apporté son CV. Il ne cherche pas d'emploi. Il ne peut pas travailler. Sa grand-mère a besoin de lui. Il ne peut la laisser seule. Elle est atteinte de la maladie d'Alzheimer. Il lui cherche désespérément une maison de retraite spécialisée et abordable. Il a de la chance, j'ai réussi à dégoter un vrai bureau avec une vraie porte. Personne n'a entendu sa confidence. Son frère possède une entreprise de démolition et pourra peut-être lui proposer un emploi. Mais pas avant l'année prochaine. Dans la pénombre du bureau, le visage masqué d'ombre, je ne trouve rien à redire. Ce grand gamin sans diplôme qui use sa jeunesse dans des responsabilités d'adulte avec pour seule perspective d'avenir l'espoir d'un emploi d'ouvrier de démolition n'est pas un fraudeur. Ce n'est pas un répugnant parasite qui pollue la source magique des indemnités. Pourtant, il n'est pas en recherche active d'emploi. Mais il se charge d'une tout autre difficulté. Il n'est rien de moins qu'un aide-soignant bénévole. Et il me semble que c'est principalement dans ce type de situation que la solidarité collective trouve sa raison d'être. Mais je sais bien qu'il s'agit de mon opinion et que mes collègues ne la partagent pas forcément. Je lui conseille donc de faire semblant. De ne pas se confier si rapidement. D'attendre de connaître son interlocuteur. Et je cherche longtemps mes mots pour résumer notre entrevue. Il s'agit de ne pas trop en dire, mais de laisser la possibilité à un éventuel conseiller bienveillant de comprendre ses réelles difficultés.

« VOUS AVEZ LA RESPONSABILITÉ DE VOTRE GRAND-MÈRE QUI N'EST PAS AUTONOME. VOUS RECHERCHEZ TOUT DE MÊME ACTIVEMENT UN EMPLOI. VOUS AVEZ LA POSSIBILITÉ DE TRAVAILLER POUR VOTRE FRÈRE QUI POSSÈDE UNE ENTREPRISE DE DÉMOLITION, VOUS EN SAUREZ PLUS AU MOIS D'OCTOBRE. JE VOUS INVITE À CRÉER VOTRE ESPACE EMPLOI SUR LE SITE POLE-EMPLOI.FR ET À APPORTER VOTRE CV LORS DE NOTRE PROCHAIN ENTRETIEN. »

Quelques phrases froides et nues pour dire le malheur d'une jeunesse désargentée, sous-qualifiée, et qui livre chaque jour un combat perdu d'avance contre la pauvreté. Il me quitte heureux d'avoir pu se confier et retourne, sans regret, au chevet de sa grand-mère. Je me demande bien ce que Laurent Wauquiez aurait fait à ma place. Aurait-il brandi son arsenal de contrôle pour fermer le robinet des allocations ? Précipitant toute une famille dans une misère encore plus crasse. Aurait-il tenté de lui faire peur ? En lui faisant comprendre que s'occuper de sa grand-mère n'était pas réellement utile et qu'il serait plus judicieux pour sa carrière de l'abandonner sur le parvis d'une église.

Mon prochain demandeur n'est pas là. Mais Estelle, qui prend son mal en patience à la PST, me fait parvenir un mail. Le père de mon demandeur l'a contactée. Son fils est en prison. Il sera absent. Je perds quelques instants à tenter de le joindre. Un message préenregistré m'informe que toutes les lignes de notre agence sont occupées et qu'il me faut renouveler mon appel. Pourtant, hormis à la PST, aucun agent n'est au téléphone. C'est étrange, mais je n'ai pas le temps de chercher à comprendre. Je finis par apprendre que mon demandeur s'est fait pincer en excès de vitesse et croupit en garde à vue jusqu'à sa comparution. La police est d'une efficacité à faire peur. Le vieil homme au bout du fil est affolé. Je lui explique comment faire l'actualisation mensuelle de son fils. Et le rassure, pour ce mois-ci, tout ira bien. Je me charge de régulariser son dossier. Ce qui donne lieu à un entretien ubuesque afin d'éviter la radiation.

> « VOTRE PÈRE NOUS PRÉVIENT QUE VOUS NE POUVEZ PAS VOUS RENDRE À L'ENTRETIEN CAR VOUS ÊTES INCARCÉRÉ. VOUS PASSEZ EN JUGEMENT LE 18/08/09. VOTRE PÈRE NOUS RECONTACTERA POUR NOUS TENIR INFORMÉS DES SUITES DE LA PROCÉDURE JUDICIAIRE. NOUS POUVONS JOINDRE VOTRE PÈRE AU 06 XX XX XX XX. VOUS AVEZ CONTINUÉ VOS RECHERCHES D'EMPLOI. NOUS FAISONS LE POINT LE MOIS PROCHAIN. »

Une incarcération me semble un motif d'absence plus que légitime. Et Estelle, à qui je soumets ma prose, ne trouve rien à corriger. Ce n'est qu'une fois l'entretien validé que je comprends qu'il aurait été bien plus judicieux de rester évasive. Et d'éviter de mentionner son séjour au pénitencier du coin. C'est trop tard. Un entretien validé ne peut être modifié que par un supérieur. À force d'essayer de contourner le système, je finis par m'emmêler sérieusement les pinceaux. Il est bien moins contraignant de suivre la procédure sans réfléchir. Tentation de la vocation n'aurait rien fait. Elle ne se serait pas encombrée de la rédaction d'un entretien et aurait laissé la radiation suivre son cours. C'est la raison pour laquelle elle dort bien mieux que moi.

Mon prochain client est un Asiatique, ingénieur, informaticien et architecte. Il a vingt-huit ans et est au chômage depuis huit mois. Le CV qu'il me présente est navrant. Rien n'est mis en valeur hormis quelques fautes d'orthographe. Je consacre trente minutes à le raturer largement pendant que mon ingénieur m'explique qu'il n'a eu qu'un seul entretien d'embauche sur les trois derniers mois. C'était la semaine dernière et il s'en est plutôt bien sorti. Il n'est pourtant pas exigeant, son dossier indique un salaire minimum souhaité de mille cinq cents euros bruts mensuels. Je le dirige vers les candidatures spontanées. Je connais mal le secteur de l'informatique. Les diagrammes de taux d'écoulement de ma base de données ne m'aident guère. Et la recherche d'offres à laquelle je procède me renvoie au néant. Je prie donc avec ferveur pour que son entretien débouche sur un recrutement. Et il repart heureux des corrections sur son CV, personne ne s'étant penché sur la question avant moi. Il faut dire qu'il a la fâcheuse tendance à ne pas se présenter. Son dossier est constellé d'absences et de retards. C'est un de ces joyeux drilles qui se plaignent de l'inutilité de nos services sans jamais avoir daigné nous rencontrer.

« JE VOUS INVITE À REFAIRE VOTRE CV SELON LES INSTRUCTIONS DONNÉES CE JOUR. VOUS ALLEZ ÉGALEMENT METTRE EN PLACE DES CANDIDATURES SPONTANÉES AVEC RELANCE ET SUIVI. VOUS ATTENDEZ UNE RÉPONSE DE L'OCDE AVEC QUI VOUS AVEZ DÉJÀ EU UN ENTRETIEN. »

Le gros monsieur qui s'installe ensuite en face de moi n'est pas aussi transparent. Il a un gros coquard sur l'œil gauche. Il exerce la profession de coursier, mais recherche également un poste de chauffeur-livreur. C'est aussi un homme plein de paradoxes. Sa fin de droits approche à vive allure, il ne lui reste que quarante-trois jours d'indemnités. Ce qui l'inquiète beaucoup. Mais lorsque j'évoque les candidatures spontanées et les recherches d'entreprises dans l'annuaire, il me renvoie un sec et définitif « Pour quoi faire ? ». Concluant sommairement que mon idée est parfaitement débile. J'aurais pu m'arrêter là et le remercier d'être venu mais, motivée par une conscience professionnelle sortie de je ne sais où, j'ai tout de même entamé une recherche d'offres. Particulièrement fructueuse. Qui a vite ennuyé le gros monsieur. Au bout de six, il m'a gratifiée d'un adorable « C'est bon, là, ça suffit », s'est levé pour me serrer la main et a tourné les talons.

« JE VOUS INVITE À RÉPONDRE AUX 6 OFFRES SÉLECTIONNÉES. VOUS DEVEZ VOUS RENDRE AU MARCHÉ DE RUNGIS POUR RENCONTRER 2 ENTREPRISES QUI RECRUTENT. VOUS N'AVEZ PLUS ACCÈS À INTERNET DE VOTRE DOMICILE, VOUS POUVEZ VOUS RENDRE EN AGENCE POUR CONSULTER LES ANNONCES. N'HÉSITEZ PAS À DEMANDER L'AIDE D'UN CONSEILLER POUR CANDIDATER PAR MAIL. VOUS DEVEZ METTRE VOTRE CV EN LIGNE SUR VOTRE ESPACE EMPLOI. »

Il ne viendra pas consulter les offres sur les postes de l'agence, il ne déposera pas son CV sur Internet, et je doute même qu'il se déplace à Rungis pour se présenter aux employeurs que je lui ai recommandés. Cet entretien n'est rien de plus qu'une abstraction poétique.

Cet après-midi, les demandeurs se bousculent au portillon. La jeune femme qui m'attend à l'accueil est en avance. Elle attendra que je finisse ma cigarette et reprenne du poil de la bête. Son dossier l'identifie comme vendeuse d'articles de sport et de parfumerie. Tout un programme. Son CV est bien ficelé. Elle a d'ailleurs eu un entretien dans une grande enseigne de chaussures de sport, mais elle a refusé leur proposition qui la contraignait à plus de deux heures de trajet matin et soir. Ce que je comprends tout à fait. Mais ce n'est pas le plus important. Elle ne veut plus faire de vente. C'est un travail qu'elle ne supporte plus. Elle a choisi de se réorienter et finance elle-même sa formation à domicile de maquilleuse. Mais ce n'est pas le plus important. Elle est enceinte, son retour à l'emploi immédiat est donc largement compromis. Je lui indique les démarches pour basculer en congé maternité, pour une indemnisation de la Sécurité sociale. Mais ce n'est pas le plus important. Elle déménage à Lille à la fin du mois. Elle ne dépend donc plus du tout de l'Île-de-France et je la renseigne sur la procédure pour transférer son dossier dans son nouveau département. Elle me demande quelques informations sur les aides sociales, confondant manifestement Pôle Emploi et la caisse d'allocations familiales. Je pense que sa situation lui permet de prétendre à l'API. Allocation Parent Isolé dorénavant dissoute dans le RSA. Et je lui recommande de prendre contact avec une assistante sociale. Je viens de rencontrer une jeune femme qui change de vie. Elle a vingt-deux ans. Je lui souhaite tout le bonheur du monde sans trop y croire et la laisse retourner à ses cartons.

> « VOUS AVEZ EU UN ENTRETIEN POSITIF AVEC COURRIER, MAIS LE POSTE ÉTAIT TROP ÉLOIGNÉ DE VOTRE DOMICILE (2 H 30 DE TRAJET ALLER). VOUS POURSUIVEZ VOTRE FORMATION MAQUILLEUSE PRO. OPTION CONSEILLÈRE EN IMAGE. VOUS AVEZ DES CONTACTS AVEC MANPOWER INTÉRIM, VOUS DEVEZ LES RELANCER EN SEPTEMBRE. JE VOUS INVITE À DÉPOSER VOTRE CV SUR LE SITE POLE-EMPLOI.FR. VOUS ENVISAGEZ DE VOUS INSTALLER À LILLE. VOUS DEVEZ FAIRE VOTRE TRANSFERT DE DOSSIER FIN AOÛT. »

Ma dernière demandeuse est une secrétaire spécialisée dans le médico-social. Son CV est parfaitement rédigé. Sa méthode de recherche d'emploi ne souffre d'aucun défaut. Elle m'a apporté un gros classeur rose dans lequel toutes ses candidatures sont précieusement archivées. Elle souhaite coûte que coûte un emploi durable. Mais ma recherche d'offres ne nous recrache que six CDI pour toute l'Île-de-France. Et dire que les rames de métro sont couvertes de publicités vantant son secteur comme porteur. Mais son problème n'a rien à voir avec son secteur. Elle a quarante-sept ans. Pour le marché, elle est tout simplement périmée. Cela fait plus de deux ans qu'elle recherche un emploi. Tous les jours, à raison de six heures par jour, elle envoie des CV, consulte les annonces, rédige des candidatures spontanées, visite des salons de recrutement, contacte des employeurs. Deux années d'échec quotidien. Son visage est émacié. Elle grince des dents entre chaque mot. Elle n'a pas prévu de prendre de congés cet été. Elle ne peut pas se permettre de manquer une offre intéressante. Toute sa vie n'est qu'une longue candidature. Doucement, je tente de la décrocher. À ce rythme-là, elle ne tiendra pas longtemps, et je n'ai vraiment aucune envie de découvrir un matin dans le journal qu'elle s'est pendue avec le fil du téléphone. Je tente de lui expliquer qu'elle n'est en rien responsable de sa situation. Qu'elle a un CV pertinent et une méthode efficace. Mais qu'il n'y a simplement pas assez de travail pour tout le monde. J'essaie de lui dire qu'elle doit renoncer un peu si elle ne veut pas abîmer sa santé. Donner un autre sens à sa vie. Trouver un équilibre entre recherche d'emploi et activités épanouissantes. Tout doucement, elle me comprend. Elle aimerait apprendre la peinture. Je lui prescris une semaine sans recherche d'emploi. Nous sommes en juillet, ce n'est pas la meilleure période de recrutement. Elle me promet d'essayer et me confie que Marine avait déjà tenté de la guider dans cette direction.

Sur la forme, je viens de conseiller à un demandeur d'interrompre ses recherches. Je suis radicalement hors cadre. Mais je suis prête à parier que cette dame coûtera moins cher à la collectivité en assurance chômage qu'en remboursements de Sécurité sociale pour antidépresseurs, consultations psychiatriques et séjours en clinique. Ce sont des arguments que je ne peux malheureusement pas faire entendre. Je rédige donc l'entretien avec ma grosse langue de bois.

« JE VOUS INVITE À RÉPONDRE AUX 6 OFFRES D'EMPLOI SÉLECTIONNÉES CE JOUR. VOUS ÊTES TRÈS AUTONOME DANS VOS RECHERCHES. VOUS AVEZ EU UN CDD de 45 JOURS AVEC L'HÔTEL-DIEU, MAIS VOUS RECHERCHEZ UN CDI OU UN CDD > 6 MOIS. VOUS VOUS ORIENTEZ VERS LE PUBLIC COMME LE PRIVÉ, VOUS ALLEZ RELANCER LA CAF ET LA SÉCU OÙ VOUS AVEZ DÉJÀ POSTULÉ. »

* * *

Heureusement, la réunion du vendredi est là pour me rappeler les bonnes pratiques. Cette semaine, une invitée spéciale nous fait l'honneur de sa présence. Une déjà vieille dame d'environ quarante printemps. Une réplique de ma tante Bernadette. Qui me reproche de vivre au-dessus de mes moyens lorsque je fais un joli cadeau à mon homme pour Noël. Et qui invoque la misère du monde pour justifier sa propre pingrerie. Vieille France aigrie, lunettes à cordon et mocassins en peau de serpent bleu marine.

Elle est directrice d'un centre de formation conventionné et vient nous présenter ses dispositifs d'accompagnement. Spécialement dédiés aux BNQ. Les Bas Niveau de Qualification, une expression charmante. Ceux qui n'avaient pas le standing pour survivre au lycée. Ceux à qui l'on propose donc une formation d'agent d'entretien. Car on ne nettoie pas le sol n'importe comment. Pour récurer les toilettes des bureaux et des particuliers, il est indispensable de suivre une formation pointue. Afin de savoir calculer mentalement la superficie des surfaces à nettoyer, de connaître la composition chimique des différents produits d'entretien, de maîtriser le bon geste pour bien éliminer le calcaire dans tous les recoins d'une cuvette, et d'apprendre le maniement d'outils de haute technologie. Comme la monobrosse, par exemple.

Toutes les offres d'emploi d'agent d'entretien, sans exception, exigent non seulement la connaissance, mais aussi l'expérience de la monobrosse. Ce qui disqualifie beaucoup de demandeurs. J'ai eu, lors d'un entretien, la chance de rencontrer une jeune femme qui avait côtoyé ce maudit instrument et qui avait bien voulu m'expliquer de quoi il s'agissait. Ce n'est rien d'autre qu'un aspirateur pour linoléum qu'il faut alimenter en eau et en savon. Et dont la seule complexité repose sur l'emplacement du bouton d'allumage, dont la localisation varie selon les modèles. C'est comme si, lorsque vous achetiez votre premier aspirateur, le vendeur vous proposait de suivre un stage d'initiation. Simplement ridicule.

Heureusement, la formation d'agent d'entretien ne se limite pas à cela. La vieille dame y ajoute ce qu'elle nomme les fondamentaux. Un peu d'informatique, un soupçon de français et une pincée de mathématiques. De quoi écrire son nom correctement et maîtriser les quatre opérations de base : addition, soustraction, multiplication, division. C'est là le véritable intérêt de son dispositif. La monobrosse n'est qu'un prétexte pour justifier la finalité professionnalisante de la formation. Finalité indispensable à un financement par Pôle Emploi. Si vous voulez apprendre à compter, il faut aussi apprendre à balayer dans le sens des lattes du plancher.

D'ailleurs, notre invitée s'en enchante. Et elle passe deux bonnes heures, immobile sur sa chaise, à nous décrire la beauté de ses plateformes de mise en situation. Reconstitutions, grandeur nature, de bureaux et de cabinets de toilettes qui permettent aux stagiaires de s'exercer à l'astiquage professionnel. Mes trois jours d'entraînement à la lutte contre le sommeil se révèlent d'une efficacité moyenne. Je ne cesse de bâiller.

*
* *

Le ciel est nuageux. Il pleut un petit peu. TF1 prévoit, au mieux, dix-sept degrés sur Paris. C'est le premier week-end de juin, celui de la fête des Mères. La crise court toujours, avec un taux de chômage officiel qui culmine à 8,7 %. Mais Claire Chazal s'en contrefiche. Son treize heures s'ouvre en fanfare sur la fin de la visite parisienne de Barack Obama. Le moment est historique, et le président des États-Unis d'Amérique n'a pas lésiné sur le pittoresque. Après une visite de Notre-Dame, il a emmené sa petite famille dîner dans un restaurant traditionnel du VIIe arrondissement et s'est offert, le lendemain matin, un petit tour à Beaubourg. TF1 a couvert l'événement avec brio. Gros plans sur les tireurs d'élite suspendus aux corniches de la cathédrale. Bousculades dans la foule de groupies sur le trottoir du fameux restaurant. Interview sauvage du serveur. Qui détaille, tout penaud, le menu du soir : filet de bœuf, gigot d'agneau et, en dessert, île flottante pour tout le monde. Succession de plans de grosses berlines noires roulant à vive allure. Ainsi que les inévitables réactions du public, du type « J'ai vu sa main ». Il était temps, d'ailleurs, que quelqu'un voie enfin sa main. La France commençait à bouder dans son coin. Vexée que la famille Obama n'ait pas accouru s'asseoir à sa table dès la clôture des bureaux de vote américains.

Mais trêve de romantisme, l'heure est grave. Claire nous conduit au large du Brésil, où un gros contingent militaire s'acharne à repêcher les débris de l'airbus d'Air France disparu quelques jours plus tôt. Les images prises de l'hélicoptère regorgent d'informations passionnantes. De l'eau. De l'eau. De l'eau. Un poisson. De l'eau. Le cameraman n'ayant manifestement pas réussi à filmer les deux cadavres retrouvés le matin même.

L'autre événement de ce week-end, ce sont les élections européennes. C'est aujourd'hui jour de vote. Je remercie le ciel d'avoir allumé ma télévision, j'avais complètement oublié ce fichu scrutin. Et TF1 ne nous épargne pas. Nous avons droit à un minireportage sur le thème des célébrités au bureau de vote. Avec Nicolas Sarkozy et sa jolie minette qui minaude de longues minutes devant les photographes avant d'introduire son bulletin dans l'urne, monsieur Fillon en blouson de pêcheur, madame Aubry toute pomponnée pour l'occasion et monsieur Bayrou en costume sombre. Claire nous précise que Martine avait pris un parapluie et que, chez François, il ne faisait pas très beau non plus. C'est de l'information politique de haute qualité. S'ensuit le traditionnel sermon sur l'abstention. Et, dans le désordre : de longs travellings de vitrines de fleuristes pour illustrer la fête des Mères, une évocation des épreuves du baccalauréat pour prétexte à la promotion de la réussite pour tous, la minute culture avec la journée des jardins, la grille de départ d'un obscur grand prix de Formule 1 et les résultats du rugby. Le tout dans une ambiance bleutée avec uniquement des journalistes vieux et moches et sans un mot ni sur le chômage ni sur la crise. Tout va pour le mieux dans le meilleur des mondes.

Je jette un coup d'œil furtif au tiroir où ma carte d'électeur, vierge de toute utilisation, dort sagement. Aucun sentiment de culpabilité à l'horizon. Aucune trace de conviction profonde pour un candidat. Je n'irai pas voter par défaut, c'est une conception malhonnête de la démocratie. Claire a manqué son coup.

***

Les résultats des européennes ont fait un four. Je n'ai pas rallumé ma télévision. Et je retrouve mes joyeux camarades de formation le mardi suivant, une grève surprise sur le RER A m'ayant cruellement empêchée de les rejoindre la veille. J'avais pourtant réalisé l'incroyable effort de me réveiller et de déposer ma carcasse sans vie dans le métro. Mais, par manque de conviction, j'avais lamentablement rebroussé chemin en comprenant que monter dans le bus desservant Noisy-le-Grand nécessitait l'usage d'un lance-roquette. Mon lundi fut donc consacré à des activités buissonnières : petit déjeuner au lit à onze heures, balade parisienne et méditation à la terrasse d'un café.

Mais l'heure n'est plus à la rigolade. Je débarque en plein milieu du module de formation PPAE, Projet Personnalisé d'Accès à l'Emploi, appellation occulte désignant l'entretien d'inscription. Et l'on me rassure vite en me certifiant que je n'ai rien manqué d'important. Ils ont dû passer la journée de lundi à faire des collages de gommettes et des bonshommes en mie de pain. La charmante formatrice aux petites robes sexy a été remplacée par un grand gaillard d'une bonne quarantaine d'années, lui aussi doté d'un sourire indestructible. Son objectif est ambitieux : nous transmettre les savoir-faire indispensables à la conduite de cet entretien capital. Quarante-cinq minutes de tête-à-tête où le conseiller doit tout comprendre de son demandeur, identifier ses difficultés, y apporter des solutions, mettre en place un suivi et retranscrire le tout dans son dossier.

Le formateur se révèle dénué d'enthousiasme. Il se contente de lire son PowerPoint, en affichant une pressante envie de rentrer chez lui. Divers exercices de groupe sans intérêt s'enchaînent.

Les heures s'étirent et se distendent. Je reprends ma lutte acharnée contre mes paupières. La trame du PowerPoint est si décousue que même le formateur s'égare. Il passe de longues minutes, silencieux, à tenter de comprendre l'enchaînement des sous-titres. Laurence en profite pour évoquer l'une de ses collègues dont elle juge le travail de mauvaise qualité. Ayant partagé son point de vue avec d'autres membres de son équipe, elle s'est aperçue que l'incompétence de cette pauvre femme faisait l'unanimité. Elle a donc envisagé la possibilité de signaler cette brebis galeuse à sa hiérarchie et elle voudrait notre avis. Laurence est complètement à côté de la plaque. Fraîchement embauchée, elle s'attribue sans sourciller le droit de se plaindre du travail d'une conseillère. Après le bon petit soldat du justificatif de domicile, nous avons droit au défenseur de la productivité. À ma grande surprise, le groupe n'adhère pas à son projet. J'ouvre donc ma grande gueule de jeune idéaliste pour lui expliquer qu'elle se doit de rester à sa place de petite nouvelle. Et qu'il serait peut-être plus correct d'en parler avant toute chose avec ladite collaboratrice. Le tout avec un grand sourire. Avant de retomber dans mon coma végétatif.

***

Mercredi matin. C'est notre dernier jour de récréation. Celui qui va nous révéler les arcanes du système informatique. Je prends place face à un ordinateur gras et poussiéreux. Et contemple le désastre. La moitié du groupe rencontre de sérieuses difficultés pour allumer l'engin. Élise est incapable de saisir efficacement le mot de passe d'ouverture. Un coup d'œil sur son écran me permet de comprendre qu'elle ne sait pas cliquer dans une fenêtre. Élise est un dinosaure. La matinée se consacre donc aux opérations de base : allumer un ordinateur, cliquer sur une icône, ouvrir une page Internet, lancer le logiciel maison. Des fondamentaux qui se révèlent précieux pour une grande majorité du groupe. Nous n'aurons pas tous perdu notre temps.

L'après-midi est, au contraire, beaucoup plus enrichissant. Le formateur nous propose de réaliser une synthèse des différentes actions proposées par Pôle Emploi. Nous nous répartissons les thèmes par groupes. Un exercice laborieux et ingrat. Mais qui nous permettra d'avoir une meilleure vue d'ensemble. Je rejoins donc Pierre, Mohamed, Élise et deux autres clampins pour percer les mystères de l'ECCP, Évaluation des Compétences et des Capacités Professionnelles, de l'EMT, Évaluation en Milieu de Travail, et de l'EMTPR, Évaluation en Milieu de Travail Préalable au Recrutement. Tout un programme.

Il s'agit d'échanger nos connaissances et nos réflexions. Pourtant, Élise ne l'entend pas de cette oreille. Ayant eu l'épouvantable initiative de prendre la parole sur un point de détail concernant l'EMT, j'ai la désagréable surprise de me faire sommairement rabrouer. Élise ne veut rien savoir de mes observations. Elle n'a pas besoin de débat. Elle n'a pas besoin de questions. Elle a besoin de la vérité absolue sur l'EMT. La parole divine. Sur un plateau d'argent. Le discours unique dans sa version prête à recopier pour faire de jolies lignes dans son petit cahier. Elle a décidé que Pierre, avec sa longue expérience de l'insertion, serait son prophète. Et elle ne se gêne pas pour exiger de moi le silence religieux dans lequel elle souhaite recevoir cette parole. En bref, elle me demande de me taire. Avec toute la politesse dont elle est capable. C'est-à-dire en me hurlant dessus.

J'hésite un instant à lui tordre le cou et choisis de sortir un moment afin de me venger sur la machine à café. Suivie de près par Mohamed qui, ayant également eu la mauvaise idée de prendre la parole, quitte la salle en claquant la porte. Je pensais mes douloureux souvenirs scolaires d'épuisantes gamineries loin derrière moi. Pariant sur la sagesse des adultes. C'est raté. Élise, deux fois mon âge, est une petite fille ridée, capricieuse et égocentrique, dépourvue de tout sens des conventions sociales.

Pierre se retrouve donc à faire la leçon, malgré ses protestations. Et l'exercice tourne court. Il se débat, de longues minutes durant, avec l'EMT et ses spécificités. Debout devant le tableau blanc, au milieu de l'indifférence. Seul. La vieille furie acariâtre n'ayant pas souhaité partager ses précieuses notes. Mais il est déjà seize heures, et le formateur, heureux de conclure, nous remercie conventionnellement de notre attention. Dans le brouhaha des sacs qui se referment et des chaises que l'on déplace, Élise tente de m'approcher pour des excuses pitoyables. Qu'elle aille au diable, je laisse le silence lui répondre. Je n'ai plus besoin de pardonner aux imbéciles agressives. Même vieilles et dépassées.

Je quitte le CRDC le cœur léger. Sans un regard pour les aveuglantes façades de verre qui réfléchissent, une dernière fois, ma silhouette rongée de lumière.

Les hommes de main en costume sombre du septième art ont tendance, pour faire avouer les petits gentils en jean-baskets, à abuser d'une technique particulièrement judicieuse qui consiste à leur plonger la tête dans la cuvette des toilettes en variant temps d'immersion et reprises de souffle fébriles. Un exercice de virtuose. L'angoisse de la noyade offre l'avantage de ne pas laisser de trace. Le petit héros n'a en général besoin que d'un bon shampoing pour retrouver une apparence correcte. J'ai la nette impression que Pôle Emploi use de cette méthode dans sa gestion des ressources humaines. À peine ai-je sorti la tête de l'eau que mon planning me replonge de force dans le bain bouillonnant de l'accueil. Je ferraille donc, toute la matinée, contre l'asphyxie. Incapable de trouver une minute pour respirer, pour m'asseoir ou pour empêcher mes mains de trembler. Les quatre heures de supplice ne laissent sur moi que l'odeur âcre d'une transpiration corrosive et de légers cernes gris.

Aucun hématome, aucune plaie ne témoigne de mon infernale bataille. Mais Cécilia, qui déjeune avec moi d'une escalope à la milanaise un peu trop grasse et pas assez cuite, n'est pas dupe. Elle sait la lutte silencieuse des tranchées de l'accueil. Elle sait ce que cachent avec maladresse mes sourires de politesse. Et elle ne peut rien faire d'autre que me dire son incompréhension d'une méthode qui a pour seul résultat de faire fuir les nouvelles recrues. J'attends avec impatience la fin de mon contrat. Il me reste quatre mois. Je n'apprendrai pas à respirer sous l'eau d'ici là. Mais je vivrai mon chômage comme une libération bien méritée. Il est hors de question que je signe un nouveau contrat. Ou alors en alternance, une semaine à l'asile, une semaine à Pôle Emploi.

Mon après-midi est apparemment dédié à l'impression de convocations. Il y en a un bon gros paquet et cela ne m'arrange pas. J'ai promis à monsieur Zaranovitch de répondre à plusieurs annonces de chauffeur-livreur qui exigeaient une télécandidature. Je ne peux pas le faire attendre plus longtemps. Les postes vont lui passer sous le nez. Je suis coincée. Remplir ces maudites télécandidatures prend du temps. Beaucoup de temps. Même si les annonces sont quasiment identiques, il faut, pour chacune, tout réécrire chaque fois. Retracer l'expérience, argumenter la motivation, détailler les formations. Et suivre l'enchaînement laborieux des écrans en espérant qu'aucune coupure du réseau ne vienne interrompre le processus. Un travail à la chaîne, en somme. Fastidieux et sans intérêt. À croire que le principe même de la télécandidature consiste à tester la motivation du candidat. Il a sélectionné une dizaine d'annonces auxquelles il ne peut répondre sans mon aide. C'est, au bas mot, deux bonnes heures d'un travail que je ne suis pas supposée faire. Ma bonne volonté a des limites qui, justement, ne dépendent pas de ma volonté.

Une fois de plus, je prends douloureusement conscience que tout investissement personnel est impossible. Le planning est seul maître à bord et il ne permet aucune initiative. Lui seul peut accorder mon temps à un demandeur. Et il a délimité d'infranchissables barrières.

Dix minutes à l'accueil, trente en rendez-vous. Je n'ai d'autre choix que de bâcler les télécandidatures de mon chouchou en priant qu'il me reste assez de temps pour expédier la moitié des convocations en souffrance. Si quelqu'un me demande ce que je fabrique, je jouerai à la sotte qui ne sait pas se servir d'un ordinateur.

Bienvenue au royaume de l'efficacité. Le service ne doit pas être rendu, il doit être productif. Dans un minimum de temps et avec un minimum de moyens. Inutile d'en faire trop. Inutile d'en faire plus. L'objectif est de renvoyer le demandeur chez lui, à défaut de le remettre au travail. Paulette a d'ailleurs parfaitement intégré cette philosophie. Elle est en charge de l'accueil cet après-midi et, alors que je tente de débusquer Cécilia pour un coup de main sur mes convocations, elle m'attrape par le col de ma veste. Elle veut savoir si je reconnais la dame au petit chapeau bleu qui se tient devant son pupitre et qui affirme que je me suis occupée d'elle aujourd'hui même. Incapable de me souvenir de la cinquantaine de personnes qui se sont adressées à moi dans la matinée, je me rapproche pour tenter d'en savoir plus. Le petit chapeau bleu se lance alors dans une histoire d'erreur de date d'inscription et prétend qu'un responsable devait la rappeler dans l'après-midi. Cette bécasse ayant oublié d'allumer son téléphone, elle revient, inquiète, s'assurer qu'elle n'a pas manqué le providentiel coup de fil. Paulette retient son souffle et je comprends qu'elle attend que je confirme cette version des faits. Ce que je fais rapidement, mes neurones ayant réussi à repêcher, au fin fond de mon cortex, le chapeau bleu et son dossier biscornu. Le teint de Paulette entame alors un tour complet du cercle chromatique avant de se fixer sur le cramoisi. Et, au beau milieu de l'accueil, devant la file d'attente stupéfaite, sa petite bouche de vieille fille mal fagotée s'ouvre très grand pour me verser sur le dos un gros tas de reproches. En résumé, je suis la dernière des cloches. Il ne faut jamais dire aux demandeurs que nos services vont les appeler car, après, comme ils sont très vilains, ils ne font plus que repasser à l'accueil pour demander pourquoi personne ne les appelle et pourquoi leur dossier n'avance pas. Bref, je ne suis pas efficace du tout, ce qui, manifestement, énerve beaucoup Paulette. Calme et sereine, je lui réponds que, devant les incohérences du dossier du chapeau bleu, j'en avais référé à Hubert, notre supérieur hiérarchique qui, déjà au courant du problème, avait indiqué qu'il allait lui-même contacter notre brave demandeuse dans l'après-midi. Mais cela ne suffit pas à faire descendre ma collègue de ses grands chevaux, et elle me balance en pleine poire qu'Hubert est un idiot et qu'il n'y connaît rien. Le petit chapeau bleu est sur le point de fondre en larmes. La file d'attente arbore une mine déconfite. La consternation est générale. Je ne cherche pas midi à quatorze heures et file rejoindre Cécilia qui, derrière la baie vitrée, me fait de grands signes. Elle me sauve *in extremis*. J'étais à deux doigts de suggérer à Paulette de s'offrir les services d'un vibromasseur afin de se relaxer un peu et d'arrêter de faire suer son monde.

Pour autant, cette satanée efficacité ne s'évanouit pas dans les airs et s'invite, tenace, à la réunion du vendredi. Notre directeur a une grande annonce à nous faire. Une annonce au sujet de la fusion. Qui, comme chacun le sait, a pour unique objectif d'accroître l'efficacité des services publics de l'emploi, et non de réduire leurs coûts de fonctionnement. Un instant, la salle se fige, redoutant qu'une date n'ait été officiellement fixée pour notre installation dans les locaux tout neufs du trottoir d'en face. Il n'en est rien. Ou plutôt si. Mais à moitié seulement. En effet, les locaux d'en face sont prêts et la date de l'emménagement est arrêtée. Mais pas pour les ex-ANPE. Uniquement pour les ex-Assedic. Pas de fusion, donc, celle-ci est toujours coincée dans les tuyaux, mais juste un banal déménagement. Qui n'a malheureusement rien d'anodin. Et une incompréhension sourde s'élève peu à peu sous le plafond de polystyrène.

Les Assedic vont prendre possession des locaux. Seuls. Sans concertation avec l'équipe ANPE qui devra, une fois la fusion mise en branle, se faire tant bien que mal une petite place. Là où un déménagement conjoint aurait pu solidariser les équipes, la hiérarchie a préféré jouer la carte de l'inégalité. L'efficacité du dispositif m'échappe complètement et les murmures de mes collègues tournent à l'indignation. Dans le contexte tendu d'une fusion largement contestée, où chacun perd ses repères et son identité professionnelle, cette décision est vécue comme une provocation. Ce qui était tout à fait prévisible.

Et notre directeur a bien du mal à faire entendre la voix de la sagesse. Il tente misérablement de faire diversion avec nos problèmes de sous-effectif en rappelant que le nouveau petit CDD que nous attendions cette semaine ne s'est pas présenté pour signer son contrat et en saluant les deux hypothétiques mutations dont nous devrions bénéficier en août. Mais rien n'y fait. Le déménagement des Assedic reste la mauvaise nouvelle de la semaine. Dans dix jours, ils seront nos nouveaux voisins. La machine est en marche. Elle se moque de nos états d'âme.

* * *

Les quelques jours de formation, qui m'avaient un brin amollie et démotivée, n'ont pas su entamer ma détermination. Et bien que je prie chaque jour pour voir l'agence engloutie par un séisme ou rasée par l'atterrissage d'une météorite, les petites séances d'accueil de la fin de semaine m'ont revigorée. Me voilà de nouveau prête à affronter l'ennemi et à prendre mes jambes à mon cou en cas de problème, dans la joie et la bonne humeur. Je vais même jusqu'à trouver à Laurence Parisot, la sainte patronne des patrons de France dont j'écoute la bienveillante parole sous la douche, de vrais talents de bonimenteuse. Elle parvient, grâce à une maîtrise subtile de la grammaire, à associer, dans la même phrase, le nombre de destructions d'emplois apocalyptique du premier trimestre 2009, à savoir 175 000, et l'annonce prophétique de la sortie de crise dont elle affirme avoir vu des signes. N'ayant pas eu la joie de croiser ces fameux signes moi-même, je me contente de la croire sur parole. Ce qui est bien naturel.

Je finis donc mes ablutions. Fais table rase de mon petit déjeuner. Thé, tartine, jus de fruits frais. Et emprunte joyeusement le petit chemin plein de soleil qui mène à Pôle Emploi.

Mon planning avait anticipé ma bonne humeur. Pour changer, je suis d'accueil. J'ai à peine le temps de descendre le pont-levis et de remonter la herse qu'une vingtaine de fantassins occupent déjà la pièce. En pole position dans la file d'attente, monsieur Marteau, le fou dingue attitré de Geneviève qui avait magistralement franchi l'âge de la dispense de recherche sous une pluie d'applaudissements. La journée commence sous les meilleurs auspices. D'autant plus que Geneviève, ma vieillissante directrice adjointe, n'est pas de service aujourd'hui. Monsieur Marteau est très déçu. Il décide alors de se venger sur le téléphone public et passe plus d'une heure, accroché au combiné, à vociférer des absurdités entrecoupées d'insultes. Je l'ignore en tentant de faire au mieux mon travail et de m'occuper du grand Serbe à l'allure menaçante qui me somme de faxer sa demande de formation à son agence d'intérim. Je me rends bien compte qu'il ne remplit pas les critères ouvrant droit à un financement, mais je me garde bien de me faire la messagère de cette mauvaise nouvelle. Quelqu'un finira par trouver le courage de le lui dire. Un jour.

Samia déboule enfin, excédée par les piaillements de monsieur Marteau, en me jetant un regard noir. Le directeur, qui passe par là, fait semblant d'être sourd et court s'enfermer dans son bureau. Elle tente de longues minutes de raisonner notre charmant habitué, se fait copieusement insulter et finit par réussir à mettre ses grosses fesses dehors. Puis vient me faire la leçon. Car ce n'est pas très professionnel de laisser une situation dégénérer ainsi, d'autant plus que les conseillers en rendez-vous ne s'entendaient plus parler. Elle a tout à fait raison. Mais je lui fais remarquer que, pendant qu'elle se consacrait à ce petit problème de discipline, je recevais une dizaine de demandeurs. Que la file d'attente est d'ailleurs toujours aussi longue. Que monsieur Marteau est un dangereux psychopathe à qui j'avais déjà demandé de se calmer, sans résultat. Et je conclus en m'étonnant qu'elle ait mis plus d'une heure pour me venir en aide. Ce qui lui cloue le bec. Définitivement.

À bout de forces, j'accueille comme le Messie Lætitia qui vient me relever, et je sèche l'après-midi en prétextant un rendez-vous médical de dernière minute. Le dentiste a bon dos. Mais le reste de la journée est aussi agréable qu'une séance d'arrachage de dents. Je tourne en rond dans notre appartement. Incapable d'improviser une sieste à l'ombre sur ma terrasse. Prisonnière des murs de l'accueil. Ce travail me dévore un peu plus chaque jour. Il instille dans mes veines son poison de violence et d'angoisse. Je ne parviens pas à m'en détacher. Je ne parviens pas à étouffer ma fatigue et ma colère. Je les emporte chez moi. Chaque soir. Et elles se glissent sur le sol de la cuisine, derrière le meuble de la salle de bains, à l'intérieur de mon lit, sous mes draps, entre mon homme et moi.

C'est un spectre maladif que Christine accueille, le lendemain, au GU, Guichet Unique, pour ma dernière journée de tutorat PPAE. Mes seize heures intensives de formation m'autorisent, dorénavant, à mener ces satanés entretiens. La prochaine fois, je sévirai seule. Christine n'est pas en meilleure forme que moi. Elle avale les comprimés d'aspirine comme des bonbons. Nous sommes arrivées les dernières dans les locaux des Assedic, et nous héritons du pire bureau, juste en face de la file d'attente de l'accueil. Bureau sans porte, bien sûr. Comme d'habitude, aucun demandeur ne pointe le bout de son nez avant dix heures. Ils sont retenus à l'étage, pour leur inscription Assedic. Christine passe le temps en élaborant de petites sculptures compliquées à base de trombones. Qui finissent systématiquement par s'effondrer mollement. Je lui confie ma décision de ne pas donner suite à mon CDD. Et lui explique, dans les grandes lignes, combien ce travail me traumatise. Elle comprend. Elle est tout à fait d'accord. Elle constate, alors que sa deuxième petite sculpture perd l'équilibre, que ceux qui travaillent à Pôle Emploi finissent tous par devenir bizarres et se lance dans le montage d'un petit bonhomme, en utilisant une gomme pour stabiliser l'ensemble. Je ne sais pas exactement ce qu'elle entend par bizarre, mais je lui conseille de s'appliquer en dépliant les trombones des jambes pour mieux répartir le poids.

Les demandeurs qui prennent leur mal en patience dans la file d'attente nous lancent des regards électriques. Ils se demandent à quoi ces deux cruches peuvent bien servir, assises toutes seules du même côté du bureau. Ils ignorent que le système informatique installé pour les équipes ANPE ne nous donne pas accès à nos dossiers. Nous sommes au GU pour faire les PPAE. Et rien d'autre. Tant pis si, chaque matin, nous errons telles des âmes en peine jusqu'à dix heures. Incapables de donner un coup de main pour soulager l'accueil. Malgré les tonitruants discours de monsieur Wauquiez sur la double compétence des conseillers Pôle Emploi, nous ne comprenons toujours rien à l'indemnisation.

Les premiers clients redescendent enfin. C'est à nous de jouer. Chaque conseiller a sa propre technique. Celle de Christine est froide et expéditive. Elle va chercher son demandeur. Le fait asseoir. Lui demande son dossier. En fait une lecture silencieuse. Remplit son dossier informatique. Lui donne deux ou trois informations succinctes et administratives. Imprime les documents légaux. Et l'achève avec un « Vous avez des questions ? » dissuasif.

Les demandeurs ayant tendance à ne pas lire les papiers qui leur sont adressés, et Pôle Emploi la fâcheuse habitude de ne pas envoyer lesdits documents, il arrive souvent, dans une bonne moitié des cas, que le demandeur n'ait pas rempli son petit dossier miracle. Christine a l'habitude. Elle ne se dégonfle pas. Donne au demandeur un dossier vierge, un stylo, une bonne tape dans le dos, et patiente silencieusement. Il faut un bon quart d'heure pour compléter ce questionnaire qui n'est rien d'autre qu'une copie du dossier informatique. Pratique et efficace. Un peu rigide, certes. Mais Christine a une bonne cadence, elle reçoit deux demandeurs par heure en moyenne. On ne peut pas avoir un bon rythme et une attitude chaleureuse. La chaleur prend du temps, il faut choisir. Les entretiens se ressemblent donc tous, invariablement, déjà écrits, déjà formatés.

Juste sous notre nez, à l'accueil, la situation est différente. La file d'attente est si longue qu'elle décourage les nouveaux arrivants. Ils se figent, quelques instants. Interdits. Puis tournent les talons sans demander leur reste. La jeune femme des Assedic travaille sans ordinateur. Elle n'a accès à aucun dossier. Elle ne peut que faire patienter ceux qui ont rendez-vous et orienter les autres sur le 3949. Arrive donc ce qui devait arriver. Une cliente craque une durite. Elle ne veut pas appeler le 3949. Elle veut être reçue. Et comme elle est une intermittente du spectacle pleine de créativité, elle choisit une tactique particulièrement grossière. Elle se met à frapper, du plat de la main, et en cadence, sur le pupitre d'accueil. Blam. Blam. Blam. Elle crie qu'elle ne partira pas, qu'elle n'arrêtera pas avant d'avoir été reçue. Blam. Blam. Blam. Notre collègue tente, une dernière fois, de lui expliquer qu'elle ne peut pas lui donner de rendez-vous. Mais la charmante dame s'en moque. Son objectif est de faire descendre un responsable. Blam. Blam. Blam. Avec notre bureau sans porte, impossible d'entendre ce que nous raconte notre maçon qui souhaite créer son entreprise. Blam. Blam. Blam. La file d'attente nous jette des regards noirs. Excités par le spectacle, les autres demandeurs se plaignent bruyamment. Blam. Blam. Blam. La charmante dame leur offre une démonstration splendide. Elle dévoile qu'il est tout à fait possible de se conduire comme un porc avec les agents de l'État sans courir le moindre risque, sans s'exposer à la moindre sanction, sans se faire jeter dehors *manu militari*. Blam. Blam. Blam. Ce n'est pas la petite jeune femme qui assure l'accueil qui va la faire taire, il n'y a pas de vigile, personne ne descend de l'étage. Blam. Blam. Blam. Et, de notre côté, nous n'osons pas sortir de notre bureau, ce serait une provocation de plus. Blam. Blam. Blam. La collègue de l'accueil tente de continuer à recevoir les demandeurs. Blam. Blam. Blam. Christine finit par prendre son courage à deux mains. Se lève. Rejoint le pupitre d'accueil. Essaie de parlementer avec le porc. Qui la regarde droit dans les yeux, les lèvres scellées, refusant de répondre. Blam. Blam. Blam. Elle veut voir le directeur. Le directeur n'est pas là. Blam. Blam. Blam. La file d'attente se soulève doucement, comme une grosse vague au milieu de l'océan. Blam. Blam. Blam. Un demandeur nous apostrophe. Il nous demande si nous sommes fières d'être payées toute la journée à ne rien faire. Blam. Blam. Blam. Je retrace mentalement le parcours des couloirs de dégagement arrière. Blam. Blam. Blam.

Un chef d'équipe des Assedic est finalement descendu du ciel. Il a reçu le porc dans son bureau. Il ne l'a pas mis dehors. Il ne lui a pas demandé de partir. Il a réglé son problème. Comme si de rien n'était. Et nous avons repris nos entretiens, sous les regards méprisants et moqueurs de la file d'attente. Il n'y a pas eu d'excuses. Il n'y a pas eu de repentir. La grossièreté a fait la démonstration de son efficacité. La prochaine fois qu'un de mes demandeurs aura un souci, je lui conseillerai de revenir avec une arme à feu. Il se verra sûrement offrir le café et une prime pour bonne conduite.

Le soir même, ma petite radio m'apprend que, durant la nuit, les murs de l'agence Pôle Emploi de Saint-Astier, près de Périgueux, ont été tagués. De grosses lettres noires. « À mort, fachos de fonctionnaires ». Une écriture de cochon.

Le lendemain n'est pas en reste et ajoute une couche avec une petite grève maison. J'étais passée à côté. Les quelques tracts feuilletés brièvement n'ayant pas réussi à imprimer dans ma rétine la date du 18 juin. Et personne n'est venu m'en faire la publicité. Les syndicats de Pôle Emploi sont d'une discrétion exemplaire. Il faut croire qu'ils fuient les employés en CDD comme la peste et qu'ils n'ont absolument pas besoin de ma cotisation pour subsister.

Un petit papier malicieusement intitulé « 18 juin Appel à la grève » finit tout de même par montrer le bout de son nez sur la table de la cuisine. Il énumère sobrement les revendications. Bien sûr, les grands classiques de hausses des salaires et d'amélioration des conditions de travail figurent en tête de liste. Mais les syndicats de Pôle Emploi ne se contentent pas de réclamer une paire de pantoufles décentes. Ils débrayent aussi pour les chômeurs. Ils demandent l'arrêt de la mise à distance des demandeurs dont le 3949 et Internet sont les outils. Ils refusent de se transformer en auxiliaires de police et de vérifier les pièces d'identité. Ils exigent le retrait de l'ORE, l'Offre Raisonnable d'Emploi, dispositif qui sanctionne le refus de postuler à une offre. Ils rejettent les mesures de sanctions et de contrôle des demandeurs. Ils demandent de vraies formations de conseiller unique, de vrais bureaux qui offrent un minimum de confidentialité, de vrais recrutements en CDI, de vraies mesures pour l'allégement des portefeuilles. Les chômeurs devraient manifester avec eux. Et je regrette amèrement de ne pas avoir pris la peine de me renseigner plus tôt. J'aurais moi-même distribué ce tract aux demandeurs qui ignorent tout de ces revendications.

Mais ils sont manifestement un peu au courant. Ils ont bien noté que Pôle Emploi ne fonctionnait pas aujourd'hui. L'accueil est désert. L'agence ne compte pourtant qu'une seule gréviste. Les autres ayant bien trop de travail en retard pour se permettre l'économie d'une journée. C'est le jour que choisira d'ailleurs *Libération* pour rendre visite à une agence parisienne. Faisant paraître dès le lendemain un article très mignon racontant les locaux vides et la façon dont les conseillers ont besoin d'être trois pour réceptionner le justificatif d'une grand-mère. Ajoutant ainsi sa pierre au stéréotype du fonctionnaire inutile. Mais *Libération* a raison, pour prendre le pouls de Pôle Emploi, il est incroyablement pertinent de s'y rendre un jour de grève, afin d'être certain de ne pas y croiser trop de chômeurs.

Sur mes six rendez-vous de l'après-midi, seule une jeune femme me fait l'honneur de sa présence. Vingt et un ans. Un BTS d'agent de logistique tout frais. Et comme unique expérience professionnelle, six mois de CDD. La demoiselle n'hésite pourtant pas à se qualifier de perle rare. À l'entendre, ses six mois de travail lui ont tout appris du métier. D'ailleurs, elle ne répond pas aux annonces du site pole-emploi.fr. Les salaires y sont trop bas. Elle ne veut donc pas entendre parler de ma création d'espace de recherche. Et elle affiche toute la condescendance dont elle est capable pour me faire remarquer que je ne sers pas à grand-chose.

Je n'aime pas me faire l'avocat du diable. Je n'aime pas pousser mes demandeurs à baisser leurs prétentions. Je n'aime pas faire comprendre que le prix qu'ils fixent pour leur travail n'est pas compétitif. Je n'aime pas leur dire que, finalement, ils ne valent rien de mieux qu'un misérable SMIC. Même si le demandeur en question me prend pour un cornichon. Ce n'est qu'une toute jeune diplômée qui vient de se coincer les doigts dans la charnière du marché du travail. Elle mettra du temps avant de comprendre ce qui lui arrive. Avant de réaliser que ce n'est pas elle qui est en cause, mais simplement la valeur du travail. Et que les belles promesses publicitaires de son école au sujet d'un super-diplôme antichômage ne sont que du vent.

Je fais donc une rapide recherche d'offres pour vérifier ses allégations. Les salaires proposés ne sont pas mirobolants. Mais ils ne sont pas si malhonnêtes. Ils tournent, comme des vautours, autour des 25 000 euros bruts annuels. Ce qui est bien supérieur à mon propre salaire. Par contre, les entreprises de sa branche recherchent, en premier lieu, des profils expérimentés. Et c'est là que le bât blesse. Elle fait de ses six mois ridicules l'expérience d'une vie. Argumentant que son poste était très complet. En résumé, elle a tout vu, tout fait. Elle a d'ailleurs déjà passé quelques entretiens, signe que son CV est séduisant, mais elle n'a pas décroché de poste. Je relève donc mes manches pour dégonfler son ego. Et lui explique, dans le désordre, qu'elle est un profil junior, que c'est un atout à mettre en valeur, qu'elle doit plutôt mettre l'accent sur son désir d'apprendre et sa malléabilité, qu'elle ne peut pas faire le coup de la fille qui sait tout à un recruteur qui en a vu d'autres et qui a bien plus de bouteille qu'elle.

Contre toute attente, elle ne part pas en courant. Elle se met à prendre en notes ce que je lui raconte. Et je distingue, en haut de son calepin, les mots « profil junior » lourdement soulignés. Non seulement elle a compris mon baratin, mais en plus elle le juge pertinent. L'entretien se finit tel un passionnant cours universitaire. Mon élève a les yeux qui brillent et je réussis, avec brio, quelques poses très intellectuelles, stylo Bic entre les dents. Elle se pend à mes lèvres pour boire mes derniers conseils comme du petit-lait. Et mon final est délicieux. Je me lève solennellement pour lui serrer la main. Lui souhaitant de ne jamais la revoir. C'est un petit rituel institutionnel. Comme dans les hôpitaux psychiatriques, les cliniques d'avortement et les commissions de surendettement. Impossible de lancer un chaleureux « À bientôt » au demandeur qui vous salue. Il risquerait de croire que vous lui voulez du mal.

***

L'été parisien fait de nous des rats de laboratoire. Condamnés à tester la résistance aux hautes chaleurs de l'organisme humain. L'accueil est un vestiaire d'après-match de football. Les demandeurs gouttent sur les claviers des ordinateurs qui montrent de sérieux signes de faiblesse. Les semelles de la file d'attente fondent sur le carrelage orange. La baie vitrée transpire une mince couche graisseuse légèrement jaune. Et une persistante odeur de pieds envahit mes narines à chaque inspiration.

Rien ne change. Le dernier jour de la semaine est comme les autres. D'une violente banalité. Enracinée derrière mon pupitre d'accueil, j'agonise doucement de peur et d'ennui. L'homme qui se tient face à moi agite avec agacement son avertissement avant radiation sous mon nez. Je consulte son dossier. L'ordinateur pousse un long râle de souffrance. Le ventilateur est au bord de l'apoplexie. L'homme ne s'est pas présenté à son dernier rendez-vous. Son dossier n'est qu'un long catalogue d'absences, d'avertissements, de radiations et de rattrapages de dernière minute. Il me regarde comme s'il venait de tomber de la dernière pluie. Comme s'il ne comprenait rien à l'objet de ce courrier. Qu'il a pourtant déjà reçu une bonne vingtaine de fois. Je lui donne la procédure. Et, lasse de son air scandalisé, achève ma petite récitation sur un « Vous avez l'habitude » qu'il saisit au vol. Il plante ses deux poings sur la tablette de contreplaqué de mon comptoir. Et rive ses deux pupilles noires de fureur dans les miennes pour me demander ce que je sous-entends. C'est pourtant clair, je sous-entends qu'il est un habitué des absences, qu'il connaît très bien la procédure et que je ne suis pas dupe de son attitude offusquée. Mais je sais qu'il est déjà trop tard. Quoi que je dise maintenant, il est inévitable que cet homme se mette en colère. Il n'a pas l'intention de rédiger la moindre lettre d'explication. Il se fiche de connaître les raisons de ce courrier. Il est venu faire du grabuge. Je respire une dernière fois. L'odeur de pieds est toujours là. Et c'est comme dans un cauchemar. L'image ralentit. Le son disparaît. Sa main se referme sur mon poignet. Lentement. Par saccades. Il se penche sur moi. Ses traits se brouillent. Je ne discerne plus que ses deux pupilles noires. Luisantes comme l'acier. Ma main est toute froide entre ses doigts. Sa voix est rauque et profonde. Granitique. Inébranlable. Elle résonne lourdement au fond de ma poitrine. « Tu vas bouger ton cul et aller chercher le directeur ou je te casse ta gueule de salope. » Je ne bouge pas. Il libère mon bras. Je ne baisse pas les yeux. Je le fixe en rassemblant mes affaires. Mon téléphone. Mes cigarettes. Je ne réponds rien. J'abandonne mon pupitre. Passe tout près de lui. Fends la file d'attente. Contourne la photocopieuse. Les tables. La maman avec la poussette. Tout est flou. Les panneaux d'affichage. Les rangées de documentation. Tout est loin. La cuisine. Les larmes coulent sur mes joues. Tout est noir. Je ne sais pas combien de temps je suis restée debout devant la fenêtre de la salle de repos, figée dans un long sanglot muet, avant que Cécilia vienne se chercher un café.

Elle m'écoute quelques minutes. Me colle une tasse chaude entre les mains. Réunit mon badge, mes cigarettes et son briquet dans ma poche. Me conduit à la porte de derrière et file s'occuper de l'homme de l'accueil. Le soleil ne se gêne pas pour brûler mes paupières douloureuses. Je profite, inerte, du calme poussiéreux de la grande route avant de retourner à mon poste. Où, comme une coquille vide, je déroule des partitions de conversations mécaniques. Me perdant dans les gestes répétitifs et les sourires factices. Incapable d'accorder le moindre intérêt à Julie qui nous fait une longue présentation des nouveautés de l'intranet pendant la réunion. Je ne parle à personne de l'altercation de la matinée. Je connais déjà leur réaction désolée d'impuissance.

Le lendemain matin, mon médecin garde la bouche grande ouverte pendant que je lui raconte mes mésaventures professionnelles. Il me prescrit une semaine d'arrêt et des antidépresseurs. Je respire à nouveau. L'odeur de pieds a disparu.

Le réveil qui ne sonne pas pour moi. Mon homme sous la douche. Le parfum du café chaud. Deux, trois baisers sous la couette. La porte d'entrée qui se referme doucement. Je me rendors. Cette semaine, je ne veux pas voir le moindre petit bout d'un couloir de métro.

Dans l'ombre fraîche et mouvante de l'arbre du jardin, mes tartines de miel scintillent joyeusement et je réinvente le cérémonial du petit déjeuner. Le thé diffuse un léger fumet de bergamote et de fruits rouges. Ma petite radio me raconte sur un ton badin les nouvelles du jour. J'accorde un intérêt tout particulier aux prévisions météorologiques. C'est un petit monde parfait, baigné d'un soleil frais, à l'abri de hauts murs, sans demandeurs d'emploi ni carrelage orange. J'ai laissé mes cauchemars en vrac sur les dalles chaudes de la terrasse. Et ils s'évaporent mollement.

Je ne suis pas allée chercher les antidépresseurs prescrits par mon médecin visiblement inquiet. Pourtant, je sens bien que la situation m'échappe. Lorsque je raconte mes journées, l'inquiétude prend rapidement le pas sur la surprise. Mon interlocuteur démuni finissant, en général, par tenter de me rassurer en décomptant les mois qui me séparent de la fin de mon contrat. Et l'homme qui partage ma vie commence à s'agacer de cette anxiété permanente dans laquelle je baigne. Je ne lui raconte plus du tout mes journées. Le récit des violences, des absurdités administratives et des rebondissements de la fusion lui pesait. Je me contente de lui affirmer que tout ne va pas trop mal et il s'en satisfait. Ce travail, parce qu'il est infernal et parce que personne n'y peut rien, construit autour de moi une épaisse muraille. Comme une coquille de sable. Étouffante.

À l'intérieur, ma vie professionnelle est un champ de bataille. De petits morceaux d'ambition gisent au fond des tranchées. Il pleut des obus de remises en question. Et l'artillerie charge sans cesse sur le front des candidatures restées sans réponse. Je suis comme mes demandeurs d'emploi. Je suis une précaire. Employée à durée déterminée d'un travail dont je me moque comme de ma première cuillère. Cet arrêt forcé me replonge dans une boue d'interrogations. Et je traverse en une semaine une gamme d'états d'esprit plus profonde que le lac Baïkal.

Le lundi et le mardi baignent dans l'insouciance. Des vacances d'étudiante studieuse. Le mercredi laisse place au déni. Pôle Emploi est un employeur comme un autre et j'en viens à me sermonner moi-même sur mon incapacité à me satisfaire d'un travail. Je consacre le jeudi à me renseigner sur d'autres métiers. Parcourant Internet dans l'espoir peu crédible de me débusquer une vocation plus confortable que celle de graphiste. Le vendredi est assombri par le décès de Michael Jackson qui a eu la mauvaise idée de faire une overdose médicamenteuse. Il ne travaillait pourtant ni pour France Télécom ni pour Pôle Emploi. L'angoisse de la reprise s'abat tragiquement sur mes épaules dès le samedi matin. Mon thé a un goût étrange. À mi-chemin entre l'entretien de suivi mensuel et l'atelier CV.

Pendant que je regarde mes cauchemars se reconstituer sur les dalles de la terrasse, l'état-major de Pôle Emploi ainsi que leurs conjoints discutent du menu du dîner, allongés sur les transats d'un des hôtels les plus luxueux de la Méditerranée, à des centaines de kilomètres, en Croatie. Je doute sincèrement que la vétusté des équipements informatiques de mon agence, notre besoin d'un second téléphone public ou le mal-être rampant du personnel soient à l'ordre du jour. Cela risquerait de gâcher l'ambiance.

Mon homme suit les soubresauts de ma vocation avec bonne humeur. Et se moque gentiment de moi lorsque j'évoque d'entamer une formation de magistrat. Il n'a pas tort, c'est ridicule. Je n'ai pas à remettre en cause mes talents graphiques ou mes compétences professionnelles au simple motif qu'une bande de chômeurs colériques me juge bête à manger du foin. Il me prend la main. Je lis dans ses yeux l'amour et la fierté qu'il a pour moi. Et je me blottis au creux de ses bras. Un endroit chaud et doux, rassurant et calme.

*
* *

Je suis terriblement en retard. Je salue à peine le portier fort sympathique de l'entrée arrière. Traverse en coup de vent la zone technique. Et me rue sur le planning. Cherchant fébrilement la petite ligne avec mon nom. Pas de chance. Accueil. Encore. Toujours. Je fourre mes affaires en vrac dans le casier. Lutte avec le cadenas dont je ne comprends toujours pas le fonctionnement. Neuf heures. Mon ordinateur se réveille laborieusement. Il aurait, lui aussi, grand besoin d'un café. Les clefs de l'agence ne sont pas dans le tiroir. C'est normal. Le matin, elles sont toujours sur la serrure. J'ouvre la grille. Il y a beaucoup de monde. Beaucoup plus que d'habitude. Ils ont des banderoles. Ce sont des manifestants. Je n'ouvre pas la porte. Mon ordinateur refuse de se connecter. Neuf heures dix.

Je demande à Charlotte ce qui se passe avec l'informatique et quelle est la procédure pour les manifestants. Elle ne sait pas. Mais elle reste assise derrière son bureau. Elle n'a pas l'intention de me venir en aide. C'est peut-être mieux ainsi. Ses pantoufles en forme de dinosaures risqueraient de déclencher un mouvement de panique. Neuf heures quinze. J'ouvre les portes.

C'est une des plus belles ouvertures d'accueil que j'aie jamais faites. Quinze minutes de retard. Tous les postes informatiques en rade. Sans exception. Et un grand type chauve qui distribue des tracts aux demandeurs qui patientent. Le tout alors que je reviens d'un arrêt maladie qui indiquait clairement « état anxieux » comme motif. Je débusque Tentation de la vocation dans la cuisine. Elle lave sa tasse avec application et n'a pas non plus l'intention de me prêter main-forte. Cela n'a rien à voir avec la couleur de ses chaussures. Elle m'explique vaguement que l'informatique est hors d'usage depuis une semaine. J'aperçois rapidement Cécilia. Dehors. En pleine discussion avec les manifestants. Elle n'est pas du genre à savonner sa tasse pendant vingt minutes ou à rester calfeutrée en pantoufles dans un bureau à attendre que les manifestants plient bagage. Ils sont d'ailleurs d'un calme surprenant. Ils n'envahissent pas l'agence. Ne scandent pas de revendications. Ils se contentent de discuter avec les demandeurs et de distribuer leurs tracts. C'est une protestation pacifique.

Je consacre donc ma matinée à décevoir les demandeurs. Leur problème ne sera pas réglé aujourd'hui. Je ne peux même pas consulter leur dossier. Un petit monsieur se fend d'une longue tirade sur la dépendance de notre société à l'informatique. Regrettant la bonne vieille époque des dossiers papier et des archives au sous-sol. Je lui fais remarquer que si son cher dossier papier avait le malheur de se retrouver coincé dans un incendie ou pris au piège d'une inondation, non seulement nous n'y aurions plus accès mais en plus toutes les précieuses informations qu'il renfermait seraient perdues à jamais. Ce qui n'est plus le cas avec l'informatique. Mon petit-père-la-morale ne trouve rien à redire et tourne les talons sans demander son reste. Visiblement déçu de ne pouvoir contre-argumenter.

Cécilia me tient compagnie. Elle n'a rien de mieux à faire. Elle a déjà classé tous ses vieux dossiers et son casier est propre comme un sou neuf. Elle a eu tout le temps de l'astiquer : l'informatique est effectivement en panne depuis cinq jours. Le système a rendu l'âme, par un curieux coup du sort, à l'instant précis où les Assedic ont emménagé dans les locaux d'en face où tout fonctionne parfaitement bien. En résumé, lorsque leur réseau a été activé, le nôtre a défailli. J'ouvre de grands yeux effarés. La panne est d'une simplicité enfantine. Les gestionnaires réseau de Pôle Emploi sont allés trop vite en besogne. Au lieu de procéder à un déménagement, ils ont fusionné les sites. Et déconnecté notre vieille agence. Cécilia me gratifie d'un grand sourire. Évidemment, tout le monde y a pensé. Mais les informaticiens soutiennent que c'est sans rapport. Ils renvoient la faute à notre opérateur téléphonique. Opérateur téléphonique privé qui renvoie la balle à France Télécom. France Télécom qui fait jouer les délais légaux avant d'intervenir sur la ligne. Une façon de nous faire comprendre que ce n'est pas sans raison que leur service est un poil plus cher.

J'apprends donc avec surprise que mon agence Pôle Emploi se connecte à Internet *via* une Neufbox. Et paie sa facture téléphonique à une grosse entreprise privée. La rentabilité du système me semble pour le moins obscure. Si vous étiez actionnaire d'une entreprise de BTP, vous choisiriez son concurrent pour refaire la toiture de votre maison de vacances ? Non. Vous préféreriez augmenter le chiffre d'affaires et le bénéfice de votre entreprise. À moins que vous ne rouliez littéralement sur l'or et n'ayez pas à vous préoccuper de ces menus détails. Ce qui est manifestement le cas de l'État français. Comme nous le répète, infatigable, notre doux et tendre président de la République, la France a les moyens. Il se propose d'ailleurs, pour fêter cela, d'avancer l'âge de départ à la retraite, d'augmenter les remboursements de la Sécurité sociale et d'offrir à tous les citoyens une montre Rolex et une photographie dédicacée de Carla Bruni.

Onze heures. L'accueil est vide. Les rares courageux qui franchissent la porte sont accueillis par quatre conseillères désœuvrées mais souriantes. Ils abandonnent rapidement, comprenant vite notre impuissance. Rares sont ceux qui ont un rendez-vous, la plupart des conseillers les ayant annulés. En l'absence de ligne de conduite définie par la hiérarchie, certains reçoivent tout de même. Notant sur des feuilles volantes les conclusions d'entretien. Tout en sachant pertinemment qu'ils n'auront jamais le temps de les rentrer dans les dossiers une fois la panne résolue. La conscience professionnelle est parfois plus forte que tout.

Les manifestants ont disparu. Il ne reste que quelques tracts abandonnés au sol. J'ai enfin le temps de me pencher sur leurs revendications. Ils se mobilisaient contre la mise en place du RSA. Leur prose est pleine de fautes d'orthographe. Elle dénonce le petit remplaçant du RMI comme une subvention du travail précaire. Ce qui n'est pas faux. Un cadeau fait au patronat afin de baisser le coût du travail et d'augmenter la flexibilité. Ce qui n'est pas faux. Et rappelle quelques principes aujourd'hui surannés comme celui de vivre correctement des fruits de son travail. Avant de se perdre dans une théorie du complot lourdement fumeuse magistralement illustrée par la phrase de fin : « N'oublions pas que les chômeurs sont les premières victimes sur lesquelles ils expérimentent les niveaux de résistance et d'acceptation de l'ensemble de la société. Il y a donc urgence à ne pas laisser faire et à ne pas accepter l'inacceptable. » Dommage. On ne saura rien de plus de l'identité de ces savants fous qui mènent d'odieuses expérimentations sur les chômeurs. Des extra-terrestres ? Des membres de la CIA ? C'est à croire qu'il n'y a pas un seul intellectuel de gauche sans emploi dans le secteur.

Je profite de l'après-midi pour visiter les locaux flambant neufs de nos nouveaux voisins. Et je ne suis qu'à moitié surprise de découvrir des demandeurs d'emploi sans chaise patientant assis par terre, un ouvrier debout sur le pupitre d'accueil occupé à fixer l'éclairage, et un hall d'entrée garni d'une jolie marche spécialement prévue pour les personnes en fauteuil et les mamans à poussette. J'imagine d'ici les réunions passionnées qui ont abouti à la validation des plans. Les architectes en pleurs. Les experts à bout de nerfs. La décoratrice furibonde. Cette dernière a tout de même eu le dernier mot en réussissant à faire installer, à chaque extrémité du comptoir d'accueil, une petite lampe à pied coiffée d'un abat-jour charmant. Que le premier demandeur en colère n'hésitera pas à nous flanquer dans la figure, mais qui fait très bien dans la pièce.

Je quitte l'agence à seize heures. Je n'ai pas l'intention de faire tapisserie dans l'unique but de remplir des feuilles d'horaires. Je laisse Tentation de la vocation s'agiter avec son chiffon à poussière. Je ne suis pas femme de ménage et je ne compte pas récurer les toilettes pour passer le temps.

Malgré mes prières matinales pour le rétablissement du système, le mardi matin s'ouvre sur le même désœuvrement informatique. Nous n'avons aucune nouvelle information. Le mystère reste entier sur l'origine de la panne et les moyens de la résoudre. Le directeur erre dans les bureaux. Une tasse de café froid à la main. Et de petits groupes de discussion s'organisent sur le coin des tables. Les toilettes sont parfaitement propres et plus personne ne trouve de quoi s'occuper. Tentation de la vocation se lance dans un grand panorama de son plan de carrière. Elle souhaite reprendre son DEA de science administrative et rédiger un mémoire sur Pôle Emploi en cours du soir. Mais personne ne la prend au sérieux et elle finit par raconter sa soirée de la veille où elle s'est occupée à faire la lessive pendant que son ami regardait un match de football à la télévision.

Le déjeuner s'éternise. Au menu : interdiction de la burqa et racisme antimusulman. Samia est indignée que l'on veuille légiférer contre le port du voile intégral. Le ton monte rapidement. Pour elle, les choses sont d'une simplicité désarmante. Elle préfère la burqa au string qui dépasse du pantalon. Cécilia a beau lui faire remarquer que ce n'est pas parce que l'on ne porte pas la burqa que l'on est contrainte de montrer sa culotte, l'intervention de Julie, féministe convaincue, sur son amour du nudisme enterre définitivement toute possibilité de conciliation. Le problème se résume donc, pour les femmes, à se promener ou nue ou avec un string ou avec une burqa. Pantalons, chemisiers, vestes, jupes, pulls à col roulé, écharpes et autres culottes de grand-mère sont passés à la trappe. L'alternative est totalitaire. La sainte ou la putain. Ce vieux débat complètement saugrenu n'a manifestement rien perdu de sa superbe. Je suis sur le point de demander quelle tenue serait la plus adéquate pour la minute lessive de Tentation de la vocation, quand le directeur déboule dans la cuisine pour m'arracher à mon inactivité. Le système est ressuscité. Hosanna. Il s'agissait bien d'une erreur de notre service informatique qui avait purement et simplement supprimé notre agence.

Ils ont eu besoin d'une semaine pour comprendre ce que notre placide directeur leur avait suggéré le premier jour. Encore une bande de bras cassés. Mais je n'ai pas le temps de persifler, je suis programmée sur la PST. Au boulot !

Une petite montée d'adrénaline bouscule mes neurones. C'est la première fois que je me charge seule de la plateforme de services téléphoniques. Je tâtonne une dizaine de minutes pour connecter l'application. Raccroche au nez de deux ou trois demandeurs. M'énerve sur le téléphone qui ne veut pas passer en mode haut-parleur. Mais finis par réussir à prendre mon premier appel. C'est un demandeur qui souhaite répondre à une offre. Cela semble facile. Ça ne l'est pas. L'offre ne mentionne aucune adresse, ni postale ni mail. Ce serait trop simple. Elle n'indique qu'un seul et unique contact. Le 3949. C'est-à-dire moi. Qui suis apparemment censée délivrer les précieuses et confidentielles coordonnées de candidature. Les faire directement figurer sur le site était manifestement trop compliqué. C'est absurde, mais dans une mesure tout à fait raisonnable pour une administration publique. Et, bien évidemment, l'affaire n'en reste pas là. L'offre dépend d'une agence hors Île-de-France. Je n'y ai pas accès. Mon logiciel se borne à me renvoyer un message d'erreur. Il ne veut rien savoir. « Article inexistant ». Je n'ai pas la moindre idée de la démarche à suivre. Le demandeur est perplexe. Un ange passe à l'autre bout du fil. Et je fais mine de ne rien sentir de sa déception lorsque je lui propose de prendre son mail afin de le recontacter dès que j'aurai récupéré son information. Il croit dur comme fer que je ne donnerai pas suite et renonce mollement, me saluant à peine.

Il se trompe. Il est hors de question que ce type, que je ne connais pas, manque une offre d'emploi au seul motif que c'est un conseiller sans cervelle qui a rédigé l'offre et un déficient mental qui a conçu mon logiciel. Je bascule la PST sur pause. Et file chercher Cécilia. Mon histoire la laisse sans voix. C'est la première fois qu'elle entend parler d'une offre qui demande d'appeler le 3949. Mais elle sait comment franchir les frontières de l'Île-de-France dans notre logiciel interne. Et je surprends Charlotte, sept ans de maison, penchée par-dessus mon épaule, tout étonnée de découvrir cette manipulation. Victoire ! Nous avons récupéré les coordonnées pour postuler. Qui ne sont autres que celles de l'agence émettrice de l'offre. Une adresse hautement sensible. Classée top secret. Je prends donc l'initiative de les contacter pour leur signaler l'erreur. Afin d'éviter à cinquante collègues enchaînés à la PST de naviguer entre les mêmes embûches.

C'est là une nouvelle bataille qui s'offre à moi. Trouver la ligne directe d'une agence sur l'intranet. Cécilia n'a pas la solution. Elle me montre donc sa petite magouille personnelle. Faire appel à Actu-chômage. Une association de défense des droits des demandeurs qui, en réponse à la généralisation du 3949, met en ligne sur son site les lignes directes des agences. C'est un comble. Je travaille pour Pôle Emploi, et pour contacter mon collègue de l'agence de Trifouilli-sur-Poisse, le moyen le plus simple dont je dispose est d'utiliser les ressources d'une association qui dénonce les méthodes de mon employeur.

Je compose fébrilement le numéro. Et tombe des nues. Il ne s'agit pas d'une erreur. Il est tout à fait normal que le 3949 soit indiqué comme seul contact. Toutes les annonces de cette agence sont ainsi rédigées. Les demandeurs doivent, systématiquement, passer par le service surtaxé du 3949 afin d'obtenir les coordonnées de candidature. J'explique brièvement les difficultés que cela pose lorsque le demandeur habite une autre région et contacte un agent qui n'a pas accès aux données. Mais mon interlocutrice s'en contrefiche. Elle ne peut rien faire. C'est ainsi que son agence traite les offres. Ce sont les consignes. Elle n'a pas l'intention de rapporter ce problème à sa hiérarchie. Et son ton méprisant me fait savoir qu'elle se moque bien de ce que j'en pense.

Ce n'est pas un conseiller sans cervelle qui a rédigé l'offre ou un déficient mental qui a conçu mon logiciel. C'est toute une multitude de pauvres âmes sans connexions synaptiques qui travaille pour Pôle Emploi. Je baisse les bras. Je suis embarquée sur une immense machine qui vogue à l'envers. Entraînée par une inertie de plomb. Le ponton noyé par les flots. La quille en l'air. La salle d'équipage est un asile. Pleine de capitaines fous et d'écervelés goguenards qui ont perdu la boussole.

Je reconnecte mon standard. Quinze minutes de pause. J'ai frôlé de peu le rappel à l'ordre du superviseur. Jamais je n'aurais dû consacrer autant de temps à ce demandeur. Je suis, une fois de plus, hors cadre. Un appel ne doit pas durer plus de sept minutes. Le post-traitement, c'est-à-dire le temps consacré au dossier sans le demandeur au bout du fil, trois minutes. Les pauses, dix minutes. Chaque fois que je change d'activité, je dois modifier mon mode de connexion. Mes faits et gestes sont surveillés, quantifiés, évalués et recrachés dans des comptes rendus de réunion qui ne font pas dans la dentelle. Le dernier exigeait d'augmenter la cadence. Pour améliorer le nombre d'appels traités par jour. La moyenne de l'agence est à cinquante-quatre. Ils en veulent soixante-dix. Le compte rendu est sans équivoque, il faut « répondre plus vite ». Tout en soulageant les collègues de la filière indemnisation en évitant de leur transférer les appels qui les concernent. Donc, en prenant plus de temps pour déchiffrer les hiéroglyphes des liquidateurs

Assedic. C'est limpide. Je dois aller plus vite et en faire plus.

Je suis même chargée de la gestion du planning des autres agents. Lorsqu'un demandeur téléphone pour reporter son rendez-vous, si son motif est légitime, je dois accéder à sa demande. Ce sont les nouvelles directives. Qui ne sont pas sans conséquences. D'un point de vue légal, les rendez-vous se retrouvent modifiés sans justificatif, puisque tout se fait par téléphone. À l'heure de l'intensification du contrôle des vilains chômeurs fraudeurs, c'est une tactique particulièrement cohérente. Je me retrouve donc à inscrire des rendez-vous dans l'agenda de collègues que je ne connais ni d'Ève ni d'Adam. Et qui, avec un peu de chance, sévissent dans l'agence de Trifouilli-sur-Poisse.

Les agents n'ont plus la main sur leur propre planning. Tous leurs rendez-vous sont modifiables à volonté. Et les plus débrouillards en sont réduits à parsemer leurs plages de réception de demandeurs fictifs. Afin de pouvoir sauvegarder du temps pour les imprévus. Et de ne pas être contraints de fixer un rendez-vous dans trente jours à madame Machin qui a la curieuse idée de vouloir s'entraîner pour son entretien d'embauche de la semaine prochaine.

Je me rends doucement compte que rester dans le cadre et respecter les bonnes pratiques exige de renier tout sens du service et d'envoyer bouler madame Machin. Je rentre chez moi avec le mal de mer. Avale une aspirine et sombre dans un sommeil épais comme de la vase. Pôle Emploi me fait tourner en bourrique.

*
* *

L'accueil ne désemplit plus. L'installation de l'agence indemnisation dans l'immeuble d'à côté n'y est pas étrangère. Nombreux sont les demandeurs qui accostent mon pupitre après avoir accusé une fin de non-recevoir au guichet d'en face. Et il n'y a plus de bistrot sur le chemin entre les deux agences pour égarer nos usagers. Ce qui n'arrange rien. Les collègues de l'indemnisation ont même une fâcheuse tendance à nous recommander pour des soucis les concernant. Je me surprends plus d'une fois à traverser la rue, mon demandeur sous le bras, afin de lui éviter et de refaire la queue et d'être à nouveau éconduit.

Nous sommes à la fin du mois de juin, en pleine période d'actualisation. Les demandeurs sont tous perdus. Beaucoup avaient pris l'habitude d'utiliser les bornes de pointage mises à leur disposition dans l'ancienne agence Assedic. De grosses machines semblables aux distributeurs automatiques des banques, accessibles de jour comme de nuit, et d'une utilisation simpliste. Naturellement, elles n'ont pas été transportées dans les nouveaux locaux. Notre direction a beau nous promettre leur arrivée imminente, je n'y crois guère. Aucun espace n'a été prévu pour les installer. Il n'y a pas de sas, ni de place dans la salle d'accueil. Au final, ce déménagement a supprimé des services. L'actualisation ne peut plus se faire, pour ceux qui n'ont ni connexion Internet ni téléphone à domicile, que dans un seul lieu. L'accueil de mon agence. Nombre d'entre eux ignorent tout de l'utilisation de nos postes informatiques. Nous aurions bien besoin de renforts pour leur venir en aide. Mais rien n'a été prévu. Notre cabine publique rencontre donc un vif succès. Plus de vingt clients font le pied de grue. L'ambiance est orageuse. On a déménagé les Assedic, supprimé des équipements, réorganisé les services et rouvert les accueils. Simplement. Sans plus de précautions. Ni pour les salariés. Ni pour les usagers. Je travaille dans une grosse marmite où remuent à gros bouillons l'impatience, la colère et l'humiliation. Le tout dans une ambiance tropicale très guerre du Vietnam. D'ici à ce qu'on nous saupoudre de napalm pour régler le problème du chômage, il n'y a qu'un pas.

Mais Pôle Emploi n'est pas de cet avis. La fusion est une fantastique opportunité d'amélioration du service. La crème des communicants a d'ailleurs été débauchée pour défendre cette belle idée. J'ai dans ma boîte mail un magnifique livret plein de couleurs et de belles images à la gloire de Pôle Emploi. Un document de promotion interne destiné à convaincre le personnel. Et les communicants n'y vont pas avec le dos de la cuillère. Ils nous rappellent, tout sourires, que la fusion est à la fois nécessaire et naturelle. Comme Christine Lagarde, alors ministre de l'Emploi, se plaisait à le seriner en présentant son projet de loi. Nécessaire parce que le chômage est « le défi collectif majeur » et « l'amélioration du service rendu au citoyen » une priorité. Naturelle parce que le demandeur aspire à une simplification administrative et parce que les deux organismes travaillaient déjà ensemble. Madame Christine Lagarde est d'une platitude navrante. Sa rhétorique n'est qu'un amalgame de bons mots sans queue ni tête.

Un enfant de dix ans serait capable de déboulonner ses arguments de paille et de comprendre que cette fusion n'a rien de naturel. Bien au contraire. Les Assedic sont des comptables. Leur mission : calculer et verser votre indemnisation chômage en fonction de vos cotisations et de la législation. Les ANPE sont des conseillers à l'emploi. Leur travail : vous guider dans votre retour à l'emploi, vous informer, vous proposer des solutions, refaire votre CV, vous éclairer sur la recherche d'offres ou la bonne manière de rédiger une candidature spontanée. Les Assedic ne savent pas faire une candidature spontanée. Les ANPE ne connaissent rien au calcul de la durée des droits. Lorsque vous hésitez entre deux formations, vous allez questionner votre conseiller ANPE. Lorsque vous avez une anomalie de versement de vos allocations, vous frappez à la porte des Assedic. Tout cela n'a rien à voir. Strictement rien. Les apparences sont parfois trompeuses. Mais il faut croire que madame Christine Lagarde les trouve bien pratiques.

Quant à la prétendue simplification des démarches, ce n'est que du racolage médiatique. S'il est difficile et compliqué d'obtenir vos versements d'assurance chômage, ce n'est pas parce que votre conseiller Assedic n'a pas vérifié votre CV. C'est parce que la législation qui réglemente ces droits est rédigée en hébreu, parce que les employeurs délivrent rarement les attestations qui permettent de les calculer, et parce que la plupart des citoyens ne sont pas fichus de conserver un historique de leur carrière professionnelle. Si mettre en place une période de stage avec l'ANPE est un parcours du combattant, ce n'est pas parce que votre conseiller ANPE n'a pas calculé lui-même votre assurance chômage. C'est parce qu'il lui faut remplir un dossier de quarante-huit pages dans lequel il doit insérer l'acte de naissance du beau-frère de votre sœur afin qu'il soit validé par une obscure commission décisionnaire. Et si vous devez patienter une éternité pour avoir une réponse, ce n'est pas parce que votre conseiller n'est pas au courant des nouvelles règles de durée des allocations, c'est parce que ladite commission est constituée de trois personnes et qu'elle a une pile de mille deux cents dossiers sur son bureau. Sans compter ceux qui stagnent dans les tuyaux, abandonnés dans les bannettes de secrétariats anonymes.

Pôle Emploi nous raconte n'importe quoi. Et les jolies images n'y changent rien. Le livret pousse la mauvaise foi jusqu'à détailler les grandes étapes de la fusion. Se vantant de l'installation des nouvelles enseignes bleues, la vivifiante couleur de Pôle Emploi, sur les sites en mai 2009. Nous sommes en juillet, l'autocollant au-dessus de la porte n'est pas bleu. Il est rouge et vert. C'est une vieille enseigne ANPE. Mais je suis sûre que je suis dans la seule agence où les nouveaux logos n'ont pas été installés. Car je vis dans le monde fantastique de Barbapapa. Il est absolument impossible que mon employeur me raconte des sornettes.

*
* *

D'ailleurs, alors que nous avions perdu tout espoir et que nous vivions dans la résignation, nous avons la surprise de découvrir au petit matin, sur le pas de la porte, enrubannée dans du papier rose, une nouvelle recrue toute fraîche et toute neuve. Le ciel soit loué ! Le grand dieu des ressources humaines ne nous a pas oubliés. Il a recruté Daphné. Aussi jeune que moi. Aussi inexpérimentée. Aussi peu formée. Aussi fragile. Je l'accueille avec un grand sourire. Voyant en elle ma planche de salut. Celle qui me remplacera à l'accueil. Enfin.

Elle est immédiatement positionnée en première ligne. Hubert l'abandonne derrière moi sans dire un mot, me chargeant tacitement de l'accompagner dans son baptême du feu. Je ne l'entends pas de cette oreille. Il est hors de question que je forme la nouvelle. Je ne veux pas. Je ne peux pas. Mais Hubert ne veut rien savoir. Il me fait l'honneur de son habituel « C'est comme ça », et retourne se cacher dans un bureau. Daphné a l'air sympathique. Elle est toute douce et ne dit rien. Elle m'observe distraitement pendant que j'assure l'accueil. Sans bouger. Et quand un grand gaillard excité se pointe pour nous faire part de son mécontentement suite à sa radiation, elle met quelques minutes à comprendre qu'il faut détaler. Je la planque dans la cuisine. Je ne suis pas de taille à dissuader les énervés et je ne voudrais pas qu'ils s'en prennent à elle. Cette jeune femme toute fine, dans sa petite robe jaune de premier jour, est une bien trop grosse responsabilité pour moi. Et quand elle profite de notre pause cigarette pour me demander si je suis heureuse de mon travail, je ne parviens pas à lui mentir. Je grille mon ticket de sortie. Et lui recommande de s'en aller au plus vite, sans terminer sa période d'essai. Ce n'est ni très intelligent ni très « corporate ». C'est honnête. Elle ne restera que trois jours de plus. Le temps, je suppose, de se faire une idée. Adieu Daphné.

*
* *

Notre rupture de stock est un abysse sans fond. La crise et les vacances d'été ne sont pas propices au recrutement. Les offres d'emploi se font rares. Les chômeurs, de plus en plus nombreux. C'est ce que les économistes appellent dignement « une mauvaise conjoncture ». Je peux en témoigner. La conjoncture est dans un sale état. Elle erre en guenille devant l'agence. À moitié soûle. Cherchant querelle à tous les passants. Mais notre directeur général, Christian Charpy, n'est pas inquiet. Il est même très fier de lui et ne se gêne pas pour fanfaronner dans la presse. Expliquant au brave peuple que, malgré cette enquiquineuse de conjoncture, Pôle Emploi tient tous ses engagements. Il oublie, distrait, de préciser les petits ajustements auxquels il a dû procéder. Les demandeurs étant en surpopulation et les conseillers en voie d'extinction, Pôle Emploi n'assure plus le suivi mensuel. Physiquement impossible. Pôle Emploi fait dans la falsification d'entretien. Un véritable programme de mystification.

Dès le mois de septembre, le SMP n'aura plus de

mensuel ou de personnalisé que le nom. Le document que me remet Hubert est parfaitement officiel. Ce n'est pas de la magouille d'agence. Il est ratifié par Raymond Lagré, notre désopilant directeur général Île-de-France. Il est également parfaitement explicite. Crise oblige, les conseillers sont invités à réaliser un entretien sur deux par téléphone ou collectivement.

Alors que les politiques nous abreuvent de berceuses, jurant sur la tombe de leur grand-mère que la crise est derrière nous, Pôle Emploi anticipe discrètement une explosion thermonucléaire du chômage pour la rentrée. Alors que Laurent Wauquiez, avec sa magnifique cravate rose à rayures, promet la main sur le cœur que nos portefeuilles pèsent en moyenne quatre-vingts demandeurs, il redoute un alourdissement que nous ne pourrions pas absorber.

Fort heureusement, aucun journaliste ne s'est penché sur la question. Les deux cent vingt-neuf demandeurs du portefeuille de Charlotte sont restés anonymes. Parmi eux, cent soixante et onze sont actifs. Mais Charlotte n'est pas un surhomme. Et recevoir cent soixante et onze demandeurs chaque mois est impossible. C'est une question de mathématiques. Très simple. À la portée de tous, même de Laurent Wauquiez. En partant sur une base de trois journées de réception sur la semaine, les jours restants étant consacrés à l'accueil, à la PST, à la relation entreprise et à la réunion de service, avec quatorze entretiens de trente minutes par jour, pour un mois classique de quatre semaines, Charlotte ne peut recevoir que cent soixante-huit demandeurs. Et il n'y a plus personne pour assurer les entretiens d'inscription, les ateliers thématiques ou le service immédiat. C'est dire si je compte large.

Hubert a donc une autre bidouille pour faire croire au monde entier que les conseillers Pôle Emploi sont des êtres génétiquement modifiés capables de manipuler le temps et l'espace. Le faux entretien à la chaîne. Une convocation toutes les dix minutes. Une rapide recherche d'offre. Merci. Au revoir. Sans oublier un petit SMP pour nourrir le logiciel. Ni vu ni connu. La machine valide. Et il compte sur moi pour assurer son abattage.

Il n'a pas de chance, Hubert. Je suis dramatiquement insensible aux scores de l'agence et aux objectifs mensongers. Au risque de froisser Laurent Wauquiez. Je ne ferai pas déplacer un seul demandeur pour dix méprisantes minutes dans le seul but de lui imprimer une offre à laquelle il a déjà répondu dans la matinée. Je ne ferai pas ces faux entretiens. J'ai mes limites. Hubert est légèrement surpris. Mais il n'insiste pas. Il sait que Tentation de la vocation sera ravie de cette nouvelle responsabilité. Mon refus d'obtempérer ne fera aucune vague. Finalement, tout cela n'a pas d'importance.

*
* *

Mon homme a tout préparé pour le week-end. Nous partons à la campagne. Dans le Berry. La Thermos de café, les cartes routières, le chargeur de portable, les petits gâteaux pour la route. Et le Saint-Graal : une bande-son méticuleusement élaborée. Mon homme est musicien. J'adore ses petites compilations de voyage. Et c'est avec gourmandise que j'allume l'autoradio pour découvrir ce qu'il a choisi.

La route pleine de lumière, un morceau de gospel, une de ses mains sur le volant, l'autre sur ma cuisse, nous sommes partis. Paris disparaît dans l'aube d'été et emporte avec lui nos obligations professionnelles. Tous mes chômeurs et tous ses avocats. Mon homme est également juriste. Il officie dans un hôtel particulier aux pieds de l'Arc de triomphe. C'est un de ces êtres surprenants et magnifiques que l'on ne croise que quelques fois dans une vie. Et, ce matin, son profil noyé de soleil, les yeux droit dans la route, est un spectacle dont je ne me passerais pour rien au monde. Nous n'avons pas besoin de parler, nous connaissons chaque déclinaison de nos sourires. Et, ce matin, dans les dernières vapeurs de l'aube, ses yeux me racontent le plaisir de fuir le quotidien, ensemble, loin des autres.

Avant lui, je ne savais rien des délices de l'asphalte. J'ignorais tout de la route. Je ne montais dans une voiture que pour me rendre d'un point A à un point B. Plus le trajet était court et mieux je me portais. J'étais une de ces enquiquineuses qui, au-delà de trente minutes, demandent invariablement combien de temps il reste avant l'arrivée. Je l'ai rencontré. Nous sommes partis en vacances. Et j'ai découvert les départementales qui vous font faire de savoureux détours au cœur de la France. Les chemins communaux et autres curiosités cartographiques à peine praticables qui vous mènent au bord des falaises, sous les forêts de châtaigniers, sur le parvis des églises de villages minuscules, dans les replis de vallées couvertes de neige et de brouillard. J'ai découvert une terre que je ne soupçonnais pas. Somptueuse. Éternelle. Pleine de brumes mystérieuses et de couchers de soleil romanesques. Il m'a appris à aimer la route, les paysages nus qui offrent leurs plus belles couleurs, l'odeur du vent, la poussière. J'ai compris ce qu'était un voyage. J'ai compris que je n'avais pas besoin d'embarquer dans le Transsibérien pour me noyer d'ailleurs. J'ai compris qu'il suffisait qu'il prenne le volant.

Mais le quotidien nous grignote. Il faut de l'inventivité et de l'énergie pour prendre soin de ceux que l'on aime. Pour les arroser patiemment et les voir germer. Mon travail engloutit mes forces, ma créativité et mon amour.

C'est un enfant tyrannique et égoïste qui ne laisse aucune miette derrière lui. Ses sévices répétés durcissent ma peau. Elle se mue en une carapace de plomb. Je suis prisonnière de moi-même, de mon épuisement, de ma souffrance et de ma solitude. Je suis condamnée à l'accueil, au carrelage orange, à la violence, à l'humiliation. Et mon homme s'éloigne lentement. Il ne m'entend pas crier son nom à travers ma coquille de métal. Je dois tenir le coup. Mon contrat se termine dans moins de trois mois.

Sur la route du retour, après un déjeuner champêtre dans la grange de ma famille, je rêve que la départementale 940 n'existe plus. Aucun chemin ne mène à Paris, et nous restons ici, perdus au milieu des champs jaunes, prisonniers d'éternelles vacances.

On dit du travail qu'il est une servitude volontaire. Pourtant, dans la mesure où les quelques bricoles nécessaires à ma survie telles que ma nourriture et mon toit sont tarifés, je m'interroge sincèrement sur la réalité de ma volonté.

***

Lorsque le réveil du lundi matin sonne, aucun élan d'enthousiasme ne vient me submerger. C'est la nécessité qui m'extirpe du lit. D'ailleurs, ma journée est une catastrophe sans fin. Ma dépression s'aggrave sérieusement. Je reste cachée au fond d'un bureau. Sans parler à personne. M'évertuant à réguler le portefeuille d'Anne qui est en vacances.

Aucune procédure ne prévoit les départs en vacances des conseillers. Les échéances des rendez-vous continuent à tomber. Des lames tranchantes montées sur des guillotines hystériques. La régule est l'unique solution. Je m'abîme donc dans d'aléatoires recherches d'offres.

Des CDD, des contrats d'intérim, quelques heures par semaine pour un salaire moyenâgeux. Répétant sans fin le même entretien fantôme. « Vous serez convoqué par votre conseiller référent le mois prochain. » Pour certains, c'est la troisième fois que la promesse leur est faite. Anne a d'ailleurs eu le plus grand mal à quitter l'agence vendredi. Elle a fini en larmes. À bout de nerfs. Dévastée par l'ampleur de la tâche. Terriblement désarmée. Définitivement incapable de régler les dernières urgences et de me laisser des consignes efficaces.

Samia est aujourd'hui dans le même état. Elle part jeudi pour les plages de la Méditerranée. Elle pleure à son bureau. Secouée de violents sanglots. Au bout du téléphone, le garagiste essaie de la rassurer. Sa voiture sera réparée à temps. Mais les violents sanglots n'ont rien à voir avec son problème de mécanique. Et Geneviève qui passe par là pose une main rassurante sur son épaule. Lui expliquant que son départ l'angoisse et qu'il n'y a rien de plus normal.

Je n'avais jamais vu personne se désespérer ainsi de ses vacances d'été. Les départs en congés ont plutôt tendance à inspirer des derniers jours radieux et des au revoir pleins de sourires. Chez Pôle Emploi, de jeunes femmes pleines de bonne volonté pleurent devant leur ordinateur. Leurs larmes creusent sur leurs joues de longues entailles tragiques. Dans l'obscurité surchauffée de la zone technique, elles tentent une dernière fois de tenir les échéances, d'organiser leur planning de retour, de conclure les dossiers en cours. Elles luttent contre l'absurde. Et elles mènent ce combat la poitrine ouverte, le cœur à fleur de peau. Inconscientes d'abîmer leur raison dans cette vaine bataille.

Cécilia me prévient pourtant que ce ne sont pas les départs qui sont les plus douloureux. Ce sont les retours. Beaucoup de conseillers ont le plus grand mal à retrouver cet air saturé de violence et d'anxiété. Leurs poumons se durcissent et cessent de fonctionner. Les malheureux ne peuvent retenir leur respiration que quelques jours avant de repartir en arrêt maladie.

Moi-même, je n'y suis pas retournée le lendemain. Je ne me suis pas levée. Ma soirée n'a été qu'une longue dispute avec mon homme. Pour une broutille. Un prétexte dégoté par mon inconscient pour dire mon malaise. Pour laver dans le chagrin ma solitude et ma résignation. Pour ne pas laisser voir que je suis arrivée au bout du rouleau. Que je n'ai plus la force de panser mes blessures. Ma nuit n'a été qu'une longue insomnie. La première de ma vie. Je suis restée immobile au creux du lit. Allongée sur le dos. Comme une morte. À côté de mon homme endormi. Les yeux débordant de larmes silencieuses. J'aurais voulu le réveiller. J'aurais voulu qu'il me prenne dans ses bras, qu'il me dise de ne pas avoir peur, que tout irait bien. Il ne comprend plus. Il n'écoute plus. Il ne voit plus la balafre purulente que je porte sur le cœur. Alors je n'ai rien dit. J'ai laissé la voix hurler dans ma tête. Seule. Jusqu'au petit matin. Jusqu'à ce qu'il parte travailler. Et j'ai erré dans l'appartement. En peignoir. Des heures entières à regarder dans le vide. Sans rien faire. Sans manger. Sans dormir. Puis j'ai repris mon masque. Quand il est rentré, je lui ai souri. Un sourire mécanique. Celui de l'accueil de Pôle Emploi.

Mais les choses sont parfois surprenantes, et l'accueil du mercredi matin me redonne des couleurs. Les demandeurs sont tous chaleureux. Ils ne rencontrent que des problèmes mineurs ou ont juste besoin d'un renseignement simple. Une vieille dame repart en me bénissant pour ma gentillesse, à la manière de ces mères algériennes. Une avalanche de mots qui dure un quart d'heure et qui me raccommode le cœur. C'est à croire que Cécilia est en planque devant l'agence, interceptant les clients pour leur demander de prendre soin de moi.

Monsieur Zaranovitch me fait le plaisir d'une petite visite. Il est la cerise sur le gâteau. Face à la pénurie d'emploi, il a finalement choisi de créer une entreprise d'exportation de fromages français vers l'Europe de l'Est et la Russie. La chambre de commerce vers qui je l'avais orienté soutient son projet. Il a débloqué un crédit pour l'acquisition d'un camion frigorifique d'occasion. Il part en Normandie, dès la semaine prochaine, pour démarcher les fabricants de camembert. Nous passons quelques minutes à farfouiller dans les Pages Jaunes à la recherche d'adresses de fromagers. Comme d'habitude, je m'inquiète de son RSA et de ses conditions de logement. Comme d'habitude, il me rassure en s'excusant mille fois de me déranger. Mais, aujourd'hui, la file d'attente ne piaffe pas d'impatience. C'est une belle journée d'été. À la fin de la semaine, je serai en vacances. Nous avons prévu de faire du camping itinérant. Jusqu'ici, tout va bien.

Tentation de la vocation me regarde mastiquer ma salade pendant que je cherche à comprendre pourquoi la cuisine est garnie de deux Frigidaire et de deux micro-ondes, mais d'une seule cafetière. Elle a aperçu monsieur Zaranovitch à l'accueil. Et elle est très inquiète. Elle s'angoisse de savoir qui va en écoper une fois que j'aurai déserté le navire. Je lui explique qu'il est adorable et ne viendra ennuyer personne. Mais Tentation de la vocation a un avis tout arrêté sur ce qu'elle nomme, avec une grâce lumineuse, « ces gens-là ». Mon demandeur préféré ayant eu la malchance de tomber sur elle alors qu'il avait une question sur les possibilités de cumul du RSA avec un travail à temps partiel, il a automatiquement atterri dans la grosse case poisseuse de son cerveau étriqué où sont rangés les parasites. Je tente de le défendre mollement, convaincue de l'inutilité de mes protestations. Ce qui a pour seul effet de la voir pincer la bouche pour prononcer un « teuteuteu » pathétique digne d'une vieille maîtresse d'école acariâtre. Elle ne connaît rien de monsieur Zaranovitch et elle a pourtant une opinion déjà inébranlable sur lui. Tentation de la vocation est une sotte. Une sotte dangereuse. De son propre aveu, monsieur Zaranovitch ne l'aime pas beaucoup, et je lui ai franchement conseillé de la fuir comme la peste.

Je passe mon début d'après-midi dans le bureau du directeur. J'ai fait une bourde. J'ai reçu, en PST, l'appel d'un demandeur en procédure de radiation pour absence. Il disait s'être présenté au rendez-vous. Il s'agissait justement d'un de mes entretiens S@D. Services à distance. Mon tableau Excel de récapitulatif l'indiquait bien comme absent. Mais, dans le doute, et parce que je suis incapable de me remémorer les demandeurs rencontrés ce jour-là, j'avais préféré régulariser sa situation. Et avais donc entré un entretien dans son dossier. « Suite à une erreur de ma part, je régularise votre dossier, vous étiez présent au rendez-vous du 01/07/2009. »

Mon directeur n'est pas content. Pour deux raisons. La première est une question d'orgueil. Il ne faut jamais avouer son erreur par écrit. De peur de détruire l'image infaillible et efficace des employés de la fonction publique. La seconde est administrative. Inscrire un entretien dans le dossier d'un demandeur le fait automatiquement basculer dans le SMP. Alors que ce demandeur n'en est qu'à son deuxième mois d'inscription, les échéances se mettent en place. L'agence perd donc deux mois de tranquillité. En cette relaxante période de surcharge de travail, c'est un véritable drame. Je lui fais remarquer qu'en bonne petite nouvelle étrangère à toutes ces subtilités, j'ai demandé l'avis d'un conseiller avant de commettre mon forfait. Quand je lui précise que c'est à Cécilia que j'ai fait appel, il me rétorque, avec un petit sourire amusé : « Mauvaise pioche. » Je comprends qu'il sait aussi bien que moi que Cécilia se fiche complètement de l'image de Pôle Emploi et encore plus des subtilités informatiques de gestion des échéances. Elle travaille hors des clous. Préférant utiliser son bon sens et son jugement plutôt que les procédures certifiées. Pour un renseignement cent pour cent institutionnel, mieux vaut s'adresser à Geneviève, à Hubert ou à n'importe qui d'autre. Mais pas à Cécilia. Nous restons quelques minutes à ricaner doucement, comme deux amis qui viennent de s'en raconter une bien bonne.

Cécilia, que je croise en sortant, trouve également la petite phrase très drôle et nous filons nous en griller une au bord de la grande route. Notre directeur a un sens de l'humour qui tombe à pic.

*
* *

La réunionite nous cueille, comme à son habitude, juste après notre déjeuner du vendredi. Pas de fusion à l'ordre du jour, ni d'évocation du déménagement des Assedic. Ce sont des sujets tabous qui restent bloqués au fond de l'inconscient de notre direction. Le programme n'en est, pourtant, pas moins indigeste. Un énième arrêté préfectoral vient modifier différentes mesures pour l'emploi. La salle entière bâille d'ennui. Ces fichues mesures changent tous les quatre matins. Heureusement pour la planète, je prends mes notes sur du papier recyclable. Les modalités du CAE, Contrat d'Accompagnement dans l'Emploi, et du CIE, Contrat Initiative Emploi, subissent un coquet ravalement de façade. Un nouveau contrat fait son apparition. Le CIE jeunes pour les moins de vingt-six ans, sans obligation d'inscription chez Pôle Emploi. Tout cela est un incompréhensible charabia qui demande à notre directeur de bien contrôler sa respiration afin d'éviter de finir chaque phrase au bord de l'apoplexie. Il ne s'en sort pas trop mal. Son teint est légèrement cramoisi, mais il a réussi à terminer son exposé sans s'étouffer.

Il nous achève en nous distribuant une belle pochette destinée aux employeurs. « Le guide des aides aux entreprises pour faire face à la crise ». À l'intérieur de l'étui de papier soyeux, une petite dizaine de fiches rectangulaires détaillent les différents dispositifs existants. Daté de juin 2009, il lui a fallu deux mois pour échouer entre nos mains. Et il faudra quelques semaines à cette magnifique publicité à la gloire de la réactivité et de la bienveillance de notre bon gouvernement pour finir au fond de la corbeille. Les employeurs se font rares dans nos locaux. Mais c'est un beau geste pour la reprise économique. L'imprimeur-façonnier qui a réalisé la découpe et le pliage un brin complexes de ce splendide document a sûrement tiré ses comptes du rouge.

Geneviève pique du nez et Christine s'applique à compléter une grille de mots croisés assez difficiles. Dans une grosse demi-heure, je serai en vacances. Nous en arrivons enfin au clou de la réunion.

Le recrutement Auchan est l'objet de toutes les rumeurs. La ville voisine se dote d'un centre commercial flambant neuf. Immense, moderne, majestueux. Il sort de terre dans un grand tremblement. Et j'ai, chaque matin, le plaisir d'admirer de minuscules ouvriers accrochés au squelette de fer, suspendus au milieu du ciel, avant de m'engouffrer dans le métro. Une grande surface y prendra donc ses quartiers. Elle a besoin de cinq cents salariés et elle dépend du secteur de notre agence. C'est Cécilia qui a décroché le téléphone lorsque le responsable des ressources humaines a appelé. C'est donc elle qui se charge du recrutement. Je surprends le sourire pincé de Tentation de la vocation, visiblement jalouse.

Bien sûr, Auchan ne fait pas appel à nous pour recruter son personnel dirigeant. Nous ne nous chargerons que des employés et des ouvriers. Aucune offre de cadre ne sera déposée chez nous. Les demandeurs qui m'affirment, dépités, que le site pole-emploi.fr ne contient que des offres de bas niveau n'ont pas complètement tort.

Dès la semaine prochaine, quelques offres d'ouvriers qualifiés seront en rayon. Des bouchers et des boulangers, des techniciens de maintenance munis d'une habilitation électricité et treize agents de sécurité certifiés. Cécilia propose de mettre en place des AFPR. Des Actions de Formation Préalable au Recrutement qui permettront à une poignée de demandeurs de se réinsérer. Auchan semble d'accord. Ils ont également besoin de huit chefs de rayon et de trois cents à trois cent cinquante employés de libre-service. Les fameux ELS-caisse. Notre directeur n'y va pas par quatre chemins. Nous ne disposons pas d'un stock aussi important. Le recrutement sera donc ouvert aux débutants. Ces embauches se feront par MRS, les candidats devront se soumettre à un test de calcul et à une mise en situation sur le poste. Des infocols, comprendre réunions collectives, seront organisées dans nos locaux afin de présenter les postes. La mairie met une salle à disposition pour les tests et les simulations. C'est toute la collectivité qui s'agite pour fournir à Auchan la crème de l'employé sous-qualifié.

Il ne faut pourtant pas cracher dans la soupe. Ce recrutement, par son ampleur, est une planche de salut pour beaucoup de demandeurs. D'autant que la grande majorité des postes sont des temps pleins. Les conseillers ont d'ailleurs déjà en portefeuille de nombreux candidats potentiellement intéressés. Un gros classeur violet est à notre disposition, il suffit d'y glisser leur CV. Tentation de la vocation n'a rien à ajouter. Je peux partir en vacances.

Cécilia m'accompagne. Elle vient siroter une bière sur notre terrasse. Nous restons assises là, dans la lumière de l'après-midi. Ni elle ni moi n'avons envie de parler de notre travail. Mais les mots se bousculent et s'entrechoquent malgré nous. La file d'attente de l'accueil, les entretiens à la chaîne, la fusion menée à la hussarde, l'absence de notre hiérarchie, la violence de ne pas pouvoir proposer d'offres d'emploi correctes, la honte de travailler pour Pôle Emploi. Toutes ces blessures ouvertes et suppurantes que nous ne pouvons raconter à personne d'autre.

Elle arrache de son sac le manuel de formation du conseiller unique. Geneviève le lui a remis ce matin. Un énorme bouquin. Cinq cents pages. En deux tomes. Rédigé en javanais. Dont le but ambitieux est de tout lui apprendre de l'indemnisation. Là où nos nouveaux voisins ont eu droit à deux années d'école, Cécilia, elle, devra se contenter de cinq jours de tutorat. Et de cette immonde lecture. Elle pourra alors prendre en charge le calcul des indemnisations. Je reste bouche bée. Le manuel entre les mains. Incapable de le feuilleter pour constater l'ampleur des dégâts.

Mais Cécilia est une battante. Elle dit souvent, comme une blague qui n'en serait pas vraiment une, qu'elle ne travaille pas pour Pôle Emploi, qu'elle utilise juste leurs locaux pour recevoir des chômeurs dans le besoin. Cécilia est une très bonne conseillère. Ses demandeurs ne s'y trompent pas. Pourtant, tout comme moi, elle aspire à autre chose. Et tente, par tous les moyens, de trouver une porte de sortie. Ce qui n'est pas une mince affaire. Elle est en CDI. La démission est sa seule issue.

Le même constat déprimant s'impose à nous. Le CDI n'est pas une bonne affaire. Il vaut mieux se contenter d'une multitude de CDD. C'est le côté obscur de la précarisation et de la flexibilité à tout prix. L'ombre silencieuse qui grandit derrière le libéralisme. Nous ne voulons plus nous investir dans notre travail. Nous voulons garder la liberté de partir lorsque notre équilibre est menacé. Nous n'avons plus d'illusions. Nous savons que les entreprises se moquent de nous. La précarité forcée nous a appris à vivre sans travailler. Le chômage ne nous fait plus peur. Nous ne sommes plus des travailleurs précaires, nous sommes des chômeurs intermittents. Et cela nous fait beaucoup rire. Parce qu'il vaut mieux en rire qu'en pleurer.

***

Après le départ de Cécilia, je passe de longues heures seule sur la terrasse. Les yeux dans le vague. Mon homme n'est pas rentré. Son téléphone ne répond pas. Quand il finit par passer la porte, tout s'écroule. J'ai le malheur de lui raconter un petit bout de ma journée. Il ne veut rien savoir. Je l'ennuie avec mon Pôle Emploi. Il en a ras le bol de mes histoires. Lui aussi, il a ses problèmes. Lui non plus, il n'aime pas son travail. Il n'y va pas par quatre chemins pour m'expliquer que je suis un monstre d'égoïsme. Incapable d'écoute et de compréhension. Incapable d'être attentive à lui.

Mon cœur se brise en mille morceaux sur le linoléum de la cuisine. Il est debout au milieu du salon. Avec des yeux comme des poignards et une bouche tordue de mépris. Je n'ai qu'une seule envie. Le gifler. Violemment. Mais je n'en ai pas la force. Alors je jette quelques vêtements dans mon sac. Ma brosse à dents. Mon dentifrice. Et je pars. Il fait déjà nuit dehors. La rue est calme. Les arbres chuchotent dans le vent. Je pars dormir sur le canapé de mon meilleur ami. Les vacances sont gâchées.

Le camping dans le Perche annulé. J'ai tout un tas de reproches à lui faire. Mais ils n'ont pas d'importance. Je ne peux pas lui dire que je n'en peux plus de faire semblant. De me montrer souriante et enjouée simplement pour qu'il passe de bonnes soirées. Pour qu'il ne se fasse pas de souci. Pour ne pas l'embêter. Il ne comprendrait pas. Nous sommes dévorés de l'intérieur. Par notre fatigue. Qui nous éloigne chaque jour un peu plus. Pourtant, notre amour est toujours vivant. Sa flamme vacille à peine. Même sous les plus terribles tempêtes. Mais il est bien peu de chose face à l'absence. Tous les soirs, il rentre à la maison. Pourtant, il n'est pas vraiment là. Il est toujours dans son hôtel particulier du XVIe arrondissement. Tout comme je reste enfermée à l'accueil de Pôle Emploi. Je n'ai plus la force de déchiffrer ses appels à l'aide. Il ne voit pas les petites plaques d'eczéma qui grandissent au creux de mon coude. J'ai honte de moi. J'ai honte d'avoir changé. De ne plus être la jeune femme pétillante et heureuse qu'il a rencontrée.

Mon meilleur ami m'ouvre sa porte sans chipoter. Et se met en tête de me préparer à manger. Cyril est certainement un des pires cuisiniers que je connaisse. Mais le voir se débattre avec sa salière qui refuse de fonctionner m'arrache un petit sourire. Cyril ne veut pas se résigner. Il croit en nous. Il croit en notre histoire d'amour. Et il passe trois jours à s'occuper de moi comme si j'étais sa sœur, à m'écouter, à me conseiller et à me faire regarder tout un tas d'épisodes hilarants de séries américaines complètement déjantées. J'oublie Pôle Emploi, mes collègues et mes demandeurs. À la terrasse d'un café parisien, un verre de bordeaux blanc à la main, une cigarette au bout des lèvres, je l'oublie. Lui. Ses petites phrases assassines. Son mépris. Sa colère. Cyril commande une fondue de fruits. Et je plonge avec envie les gros morceaux de mangue dans le petit ramequin de chocolat noir et sucré. Le ciel est mauve.

Je finis par rentrer à la maison. Le cœur à moitié raccommodé. De gros nœuds faits avec de la ficelle de cuisine. Je ne veux pas renoncer. Je veux me faire pardonner. Et je cache douloureusement mon orgueil au fond de mes tripes. Pour ne pas perdre cet être surprenant et magnifique dont je suis folle amoureuse. Pour ne pas laisser ma vie gâcher mon destin. Mon contrat s'achève dans quatre-vingt-trois jours. Il faut tenir jusque-là.

Il est soulagé de me voir réapparaître. Il me prend dans ses bras et caresse longtemps mes cheveux. Sans rien dire. Nous improvisons une promenade à Fontainebleau. Sous la pluie. Dans la forêt. Les grands rochers aux formes alanguies abritent notre déjeuner. Le vin rouge nous réchauffe un peu. Nos deux âmes écorchées se reposent doucement. Nous évitons de faire trop de bruit pour ne pas les déranger.

Cécilia avait raison. Les retours sont douloureux. Hubert ne s'en est pas préoccupé un instant. Pour fêter la fin de mes vacances, il m'a programmée à l'accueil. Et je me noie à nouveau sous les flots de la file d'attente. Rien n'a changé. Un chien est prisonnier du sas d'entrée. Chaque demandeur qui entre laisse la porte se refermer sur son museau. Son propriétaire fait la queue. C'est un habitué. Un de ceux qui restent de longues heures debout devant les ordinateurs et repartent une liasse d'offres sous le bras. Un de ceux avec qui j'ai un peu discuté, pour l'aider dans sa prospection ou pour recharger l'imprimante. Un de ceux avec qui j'ai fini par partager quelques pauses cigarette. Il est maître-chien. Sous des allures brutes et un peu menaçantes, c'est un homme attachant. Mais, aujourd'hui, il est venu avec une radiation et une bonne cuite. Il tangue et perd ses mots. La poche de son blouson se déforme sous le poids de la lourde bouteille qu'elle contient. Ses yeux bleu pâle sont pleins de larmes. Sa large mâchoire de pierre tremble. Je ne le laisse pas s'expliquer debout devant mon pupitre. Je pose ma main sur son bras. Tout doucement. Et le fais asseoir dans un bureau. Celui du directeur. Qui baisse discrètement le menton en signe d'approbation. Lui amène son chien et referme la porte. L'accueil baigne dans un silence de mort. Tous les demandeurs fixent leurs chaussures. L'un d'entre eux est au bout du rouleau. Et la jeune femme qui a pris sa place devant mon pupitre s'adresse à moi dans un chuchotement d'église, plein de respect et d'inquiétude.

***

Je déflore aujourd'hui une nouvelle activité : les entretiens d'inscription. Devant le raz-de-marée des nouveaux chômeurs, j'avais gentiment indiqué à Hubert que je pouvais assumer ce poste. L'information n'est pas tombée dans l'oreille d'un sourd. Je m'installe donc dans les bureaux clairs et lumineux des locaux flambant neufs de nos voisins les Assedic. Tout est propre. Tout est beau. Les entretiens d'inscription ont lieu au GU. Le Guichet Unique. Un rejeton de la fusion. Qui a pour seul et unique fonction d'assurer l'entretien unique d'inscription. Entretien qui remplace les deux anciens rendez-vous distincts, celui aux Assedic et celui avec l'ANPE. Aujourd'hui, donc, un seul entretien suffit à valider une inscription, c'est le miracle de la fusion. Ou plutôt le grandiloquent tour de passe-passe de la fusion. Si, en effet, il n'y a plus qu'une seule convocation, une seule heure et un seul lieu de rendez-vous, il y a toujours deux entretiens.

Pauline, ma première cliente, débarque ainsi à dix heures trente. Elle était convoquée à neuf heures. Elle s'est présentée à l'accueil avec une ponctualité admirable. Et une très jolie robe. Elle a ensuite patienté jusqu'à neuf heures cinquante qu'un collègue des Assedic la reçoive. C'est Bruno qui s'est occupé d'elle. Il ne l'a pas fait attendre pour le plaisir. Il a reçu, avant elle, d'autres demandeurs convoqués à neuf heures. Il a créé son dossier, enregistré les éléments qu'elle avait pris soin d'apporter, et calculé son indemnisation. Puis l'a raccompagnée jusqu'à la salle d'attente où elle a patienté dix minutes avant que je vienne la chercher. J'avais eu la mauvaise idée d'aller m'en griller une à cet instant précis, n'en pouvant plus de ne rien faire. Notre entrevue va durer quarante minutes. Je dois créer son profil, comprendre sa situation, convenir avec elle d'un plan d'action, et procéder à une recherche d'offre. Pauline ressortira de mon bureau à onze heures dix. Elle aura passé plus de deux heures dans nos locaux. C'est une sacrée veinarde. Car, plus la journée s'avance, plus nous prenons du retard, plus les passages en salle d'attente s'allongent. Un seul rendez-vous, c'est plus pratique. Sauf si l'on omet de vous préciser qu'il sera trois fois plus long. Mais, comme d'habitude, tout est question d'organisation. Et le GU en manque cruellement. Les délimitations géographiques des secteurs des agences Assedic ne sont pas les mêmes que celles des agences ANPE. La fusion semble se moquer de cette bizarrerie. Pour l'instant, les choses restent en l'état. Deux agences ANPE correspondent, dans notre cas, au secteur de l'agence Assedic. Ainsi, le personnel qui assure les entretiens d'inscription vient de deux équipes différentes. Il suffit donc de couper la poire en deux. À chaque agence d'envoyer le nombre d'agents nécessaires chaque jour. Mais, bien sûr, le personnel de notre agence amie se déplace à reculons. Il boycotte le GU. Dans le meilleur des cas, deux collègues nous font l'honneur de leur présence alors qu'il en faudrait trois. Et, la plupart du temps, un seul d'entre eux fait le déplacement. La partie ANPE de l'entretien s'engorge donc inévitablement. Et les demandeurs poireautent tristement en rang d'oignons dans le couloir. C'est le miracle de la fusion.

Ma première journée est une catastrophe. Je suis complètement nulle. Je ne reçois que six demandeurs. Et mes collègues me jettent des regards noirs en passant devant le cube de verre qui me sert de bureau. Si je n'augmente pas sérieusement la cadence, nous sommes bons pour y passer la nuit.

Les entretiens d'inscription ne sont ni simples ni anodins. Comprendre le parcours de chaque demandeur pour compléter son profil me prend un temps fou. Déceler ses difficultés n'est pas non plus une sinécure. Et, pour couronner le tout, la plupart de mes clients ont tout un tas de questions. La grande majorité n'ayant rien compris aux explications du collègue de l'indemnisation qui les a reçus quelques minutes plus tôt. Je me retrouve donc à expliquer, tant bien que mal, le fonctionnement des indemnités, les obligations d'actualisation, les mystères des identifiants et des codes secrets. Je n'ai clairement pas assez de temps. La stratégie en vigueur est la suivante : ne jamais demander au client s'il a tout compris. Dans une bonne proportion de cas, il n'ose pas poser de question. L'entretien se déleste ainsi d'une bonne dizaine de minutes.

Mais quand ce petit jeune au crâne rasé, qui a laissé tomber son baccalauréat comptabilité, me fait comprendre qu'il est perdu, qu'il n'a aucune idée du métier qu'il veut exercer et qu'il est prêt à répondre à n'importe quelle offre, je ne peux pas m'empêcher de prendre du temps pour lui démontrer que sans diplôme ni qualification il n'ira pas loin. Et pour tenter de l'orienter vers une formation. Il faut discuter, écouter, argumenter et faire tomber les préjugés. Il se croit tout juste bon à faire cuire les hamburgers de McDonald's. Il n'imagine pas une seconde pouvoir postuler pour une formation en alternance dans le domaine de la vente. La pauvreté, ce n'est pas seulement lorsque vos parents ne peuvent pas financer vos études, c'est aussi lorsque, durant toute votre adolescence, on vous a fait comprendre que vous ne pouviez pas avoir de rêves, que vous ne pouviez pas avoir d'envies, que vous ne pouviez pas avoir d'ambition, qu'il n'y avait pour vous que la survie et la médiocrité. Vous ne vous battez pas, vous ne savez même pas que vous pouvez vous battre. C'est écrit sur votre tombe, vous ne ferez jamais que des travaux de manutention. Et, dans votre collège crasseux caché au fond d'une banlieue sordide, on ne vous a laissé le choix qu'entre la comptabilité et la logistique. Sur la base de taux de chômage qui datent des années quatre-vingt-dix et qui promettaient le secteur à un bel avenir. Sans se préoccuper un instant de chercher, avec vous, ce qui pourrait vous épanouir. Ce dans quoi vous seriez bon. Toute une scolarité traversée la tête dans le sable, sans le moindre petit fragment d'ambition.

J'ai posé des questions simples que personne n'avait jamais posées. Les métiers qui le faisaient rêver. Où il voulait être dans vingt ans. En creusant un peu. En lui parlant de réussite. Il a les pieds sur terre. Il ne se rêve ni en cosmonaute ni en agent secret. Simple vendeur pour une grande marque de sportswear, c'est ce qui le fait vibrer. C'est tout à fait dans ses cordes, mais il n'y avait pas pensé une seconde. C'était bien trop haut, bien trop beau.

Il ressort de mon bureau avec une vingtaine d'offres de formation sous le bras, les yeux brillants. J'espère sincèrement que si McDonald's le contacte, il les enverra paître. C'est ce que je lui ai conseillé. Je lui ai dit qu'il avait vingt ans, qu'il avait la vie devant lui, qu'il devait faire de vrais choix et ne pas se contenter d'accepter la première proposition venue, que le chômage était partout et que rien ne l'en protégerait mieux qu'un métier qui lui plaise, tout simplement parce qu'il y serait bon. Je lui ai dit qu'il avait le droit de rêver et de se battre pour ses rêves. Je lui ai consacré une heure et demie, je suis bonne pour me faire remonter les bretelles.

***

Le lendemain, je retourne à l'accueil. La matinée passe comme une étoile filante. Brûlant tout sur son passage. Il est déjà treize heures quand je relève le museau pour découvrir mon homme dans le sas d'entrée de l'agence. Il ouvre la porte et ses baskets foulent le carrelage orange de l'accueil. Il est venu déjeuner avec moi. Pour la première fois. Mais la relève n'arrive pas. Il s'installe donc sur une des chaises, devant la baie vitrée, pendant que je finis de travailler. Une épaisse vague d'anxiété me glace les reins. J'ai incroyablement honte. De faire ce métier. De passer mes journées dans ces locaux moches et sales. De ma façon de dire bonjour. Des demandeurs d'emploi loqueteux et agressifs. De ceux qui me prennent de haut. De ceux qui ne me regardent même pas. De ceux qui me renvoient l'image humiliante du fonctionnaire inutile responsable de leur malheur. L'un d'eux commence d'ailleurs son petit cirque. Il est radié et ne se gêne pas pour me crier que c'est la faute de mon incompétence. La relève arrive. C'est Tentation de la vocation. Je déconnecte ma session informatique à la vitesse de la lumière. Et me dépêche de faire sortir mon homme de cet accueil gluant rempli de cafards. Le sang me bat les tempes. J'ai besoin de longues minutes pour retrouver mon calme. Mais je suis heureuse qu'il soit venu et qu'il ait vu, l'éclair d'un instant, la pression et la violence ramper sur le carrelage sale. Nous déjeunons japonais. Dans le minuscule restaurant où Cécilia et moi avons nos quartiers. Et le patron nous offre, comme chaque fois, les boules coco faites maison en dessert.

*
* *

Je suis en retard. C'est devenu une habitude. Je sors du métro à neuf heures vingt-cinq. Pas coiffée. Pas maquillée. Heureusement, je n'ai pas oublié de mettre une culotte. C'est déjà ça. Sur le chemin, je croise mon directeur, qui se moque bien de mon retard et préfère me causer littérature. Il est plongé dans la lecture des *Bienveillantes* de Jonathan Littell. Il a bien du courage, je ne suis pas parvenue à dépasser la vingtième page. Il me conseille de sauter le début qui a peu d'intérêt. Le reste vaut apparemment le détour. Les scènes de torture cliniquement détaillées lui ont beaucoup plu. Je l'abandonne, tout mignon, en ZTT, et file connecter la PST. Pas d'appel. Étrange. À dix heures, Geneviève débarque dans le bureau. Je suis une grosse nouille. Il n'y a pas de PST aujourd'hui. Notre agence est dispensée. Geneviève me regarde comme un cosmonaute qui viendrait de rentrer de la Lune. Elle se méfie. Mon air ahuri est peut-être contagieux. Heureusement, c'est la pagaille au GU, elle serait ravie que je déguerpisse planquer ma coiffure avant-gardiste dans les bureaux d'en face. Je m'exécute sur-le-champ. Les collègues de l'autre agence qui assurent avec nous les inscriptions sont absents. Ils sont en quarantaine. Ils ont la grippe A. Leur agence est fermée pour désinfection. Nous avons travaillé avec eux toute la semaine. Aucune mesure n'est prévue pour nous. Je n'ai heureusement pas le temps de m'inquiéter de cette curiosité médicale. Le couloir déborde. J'ai du pain sur la planche.

Mon premier client est un jeune homme noir qui se prénomme Alex. Il a l'habitude de nos services, ce n'est pas sa première inscription. Du haut de ses vingt-quatre ans, il a déjà beaucoup travaillé. Manutentionnaire, technicien de surface, cuisinier chez Quick, pour changer de

McDonald's, et livreur de journaux. Il n'est pas du genre à rester les doigts de pieds en éventail. Mais il en a par-dessus la casquette. Son ambition, c'est la bande dessinée. Il veut devenir dessinateur de mangas. Et il compte bien mettre cette période de chômage à profit pour finir enfin son premier album. Nous nous observons quelques minutes en chiens de faïence. Mon sourire d'approbation détend définitivement l'atmosphère. Son discours est simple. Il n'y a pas de travail pour lui. Il a moins de vingt-cinq ans, une couleur de peau qui n'arrange rien et il doit batailler des mois pour obtenir un poste sans intérêt. Cela n'en vaut pas la peine. Le chômage, il connaît. Il y a été contraint dès sa sortie du baccalauréat. De longs mois de déprime solitaire. Médusé par cette société qui ne voulait pas de lui, même pour nettoyer les toilettes. Alors, il a bien fallu s'y faire. Il a appris à occuper son temps libre, à s'investir dans des projets non lucratifs. Il a même fini par revendiquer son chômage. Bien sûr, il n'a pas choisi la précarité. Bien sûr, il aurait aimé un confortable CDI, un petit appartement correct et des vacances à La Bourboule. Mais il n'y a pas de travail. Il faut faire avec. Et, plutôt que de se lamenter sur son sort, il préfère aller de l'avant. C'est humain. J'ai l'impression d'entendre l'histoire de ma vie. J'ajoute que, même lorsque l'on décroche un CDD, on reste chômeur. Pour les précaires, le chômage est l'élément stable, celui qui finit toujours par revenir. Les périodes de travail ne sont plus que des exceptions. Nous avons le même âge. Tout est dit de notre génération qui ne veut pas se laisser abattre mais est bien obligée de faire avec les moyens du bord. Je le remercie et le laisse repartir. En lui conseillant d'apporter ses dessins à son prochain rendez-vous. Le conseiller aura peut-être une piste. Ce sont des choses qui arrivent. Parfois.

Un autre petit jeune prend sa place. Paul. Dix-huit ans.

Jardinier paysagiste. Douze semaines de stage pour toute expérience. Il est tout frais et plein de bonne volonté. Inutile de lui servir le fond cynique de ma pensée. Je complète donc diligemment son profil. Et l'oriente vers la Mission Locale. Il est ravi. On va enfin lui apprendre à faire un CV. Je lui conseille tout de même de modifier sans attendre son adresse mail. Morphine-99@hotmail.fr manque un tout petit peu de sérieux.

Le demandeur suivant est moins agréable. Il n'ouvre pas la bouche pour me saluer, mais pour me demander si cela va encore durer longtemps. Charmant. Il n'a pas de CV. Il n'a pas rempli le dossier de présentation. Et quand je lui demande les détails de son dernier poste pour remplir mon logiciel, il se contente de me rétorquer sèchement que cela ne me regarde pas. Monsieur cherche un poste de déménageur. Point barre. Le reste relève du secret défense. Je remplis son dossier à la sauvette. Recherche quelques offres. Lui imprime le tout et le renvoie à ses occupations. Il ne me salue pas en repartant. C'est une conception originale des relations humaines.

La jeune femme qui prend sa place me serre la main. Et remporte ainsi toute ma sympathie. C'est une jolie brune avec un CV qui étincelle. Bac + 5. Ingénieur en agroalimentaire. Anglais et allemand courants. Elle a déjà fait de nombreux stages et recherche maintenant son premier vrai emploi. Ce qui ne va pas être facile. Vingt-trois ans. Elle est encore trop jeune. Les employeurs ont la fâcheuse tendance d'ignorer tout ce qui n'affiche pas un quart de siècle au compteur. J'aimerais l'orienter sur l'Apec Jeune mais je n'ai évidemment pas de place disponible. Elle repart tout de même avec quelques offres et deux ou trois conseils. Elle ne précisera plus son âge sur son CV, c'est un bon premier pas.

Cécilia est venue me chercher pour déjeuner. Je jette un coup d'œil furtif au couloir. Un seul demandeur patiente. Julie, dans le bureau d'à côté, me fait signe qu'elle s'en occupera. Je peux m'éclipser. Je laisse mes affaires en pagaille sur mon bureau. Histoire de ne pas me le faire piquer pendant la pause.

La terrasse du petit restaurant portugais est pleine de soleil. Nous commandons deux bavettes au romarin et deux bières. Nous sommes de bonne humeur. Cécilia me raconte le Portugal. Son pays d'origine. Elle possède là-bas, avec sa sœur, une petite maison. Toute simple et à peine rénovée, qu'elles ont achetée une bouchée de pain. Elle prévoit d'y passer une partie des vacances avec son Daniel. Portugais d'origine également. Elle me dessine la plage et les murs peints à la chaux blanche. Je lui réponds avec les îles hôtels des Maldives qu'il faut rejoindre en hydravion. Le perroquet du restaurant sifflote le début de *La Marseillaise*. La table d'à côté nous drague à moitié. Les verres de bière fraîche sont couverts de minuscules gouttelettes de condensation. Une légère brise nous rafraîchit. Tout va pour le mieux dans le meilleur des mondes.

Rejoindre les locaux des Assedic ne m'attriste pas. Ils sont climatisés et mener les entretiens d'inscription ne me déplaît pas. J'ai le temps de rencontrer les demandeurs, de les découvrir un peu et d'élaborer de vraies solutions. Rien à voir avec le cataclysme interminable de l'accueil.

L'homme qui s'installe en face de moi a un projet de création d'entreprise. Il était directeur technique dans le domaine des jeux vidéo. Avec deux amis, il souhaite mettre en place un site communautaire autour de l'écologie et du social. Je ne comprends pas vraiment son projet. Mais il souhaite garder son concept secret. Ce qui peut se comprendre. Son dossier administratif est expédié en dix minutes. Les créateurs d'entreprise sont des cas assez simples qui n'ont pas de suivi particulier. Je l'oriente vers la chambre de commerce. Lui conseille de faire relire ses statuts par un avocat avant de les déposer et de suivre quelques cours de gestion d'entreprise avant de se lancer. L'informe sur les différentes aides qui s'offrent à lui. Réfléchis à la situation de son associé, toujours employé par une autre entreprise. Et conclus brillamment en lui donnant ma propre carte de graphiste, au cas où il aurait besoin de mes services pour le design de son site. Il est aux anges. Il ne s'attendait ni à un accueil ni à un conseil de cette qualité. Il me serre longuement la main. Et me promet que s'il entend encore quelqu'un dire que Pôle Emploi n'est qu'un repaire d'incompétents, il n'hésitera pas à le contredire. Entendre cette phrase est aussi agréable que de déguster un pot de Nutella à la petite cuillère. Mes joues sont toutes chaudes. Les demandeurs du couloir qui viennent d'assister à la scène affichent des mines surprises. C'est, à l'évidence, la première fois qu'ils voient un type aussi content d'un service public. La jeune femme qui vient s'asseoir dans mon bureau est tout sourires. Elle a l'impression d'avoir décroché le gros lot.

Finalement, nous avons réussi à éponger l'affluence dans des délais corrects. Julie vient me remercier d'être venue donner un coup de main. Je lui raconte mon arrivée rocambolesque. Imaginer la tête de Geneviève me découvrant connectée à une PST fermée la fait beaucoup rire. Il est dix-sept heures. Les accueils ferment. Nous regagnons notre agence, de l'autre côté de la rue.

Il y a quelque chose d'étrange. Le silence. Les policiers en uniforme. Mon cœur rate un battement. L'éclair d'un instant, j'aperçois une collègue ensanglantée, inerte. Cécilia me passe sous le nez. Je l'agrippe à l'épaule. Deux demandeurs se sont battus. Le store de la baie vitrée est en miettes. La chemise du directeur est déchirée. Tentation de la vocation est pâle comme un spectre. C'est elle qui assurait l'accueil. Les deux demandeurs sont encore là. Dans deux bureaux différents. Lætitia et le directeur s'en occupent. Soudain, un grand type surgit, traverse la salle en courant et attrape un autre type qui sortait d'un bureau. Ce sont eux. Ils remettent ça. Estelle hurle. Les policiers foncent. Le directeur aussi. Lætitia aussi. Cécilia court se planquer à l'autre bout de la pièce. J'empêche une maman à poussette d'entrer dans l'agence. Elle me crie dessus. Je fais volte-face. La bagarre est comme une grosse boule. Il y a des bras et des jambes partout. Les policiers finissent par avoir le dessus. Le silence retombe d'un coup. Les deux enragés rejoignent les bureaux. Je ne comprends pas. Les policiers ne les embarquent pas. Ils nous les laissent sur les bras. Tentation de la vocation est pétrifiée au milieu de la pièce. Je la prends par la main, l'entraîne à la cuisine et lui sers un café. Raconte-moi.

Sa voix tremble un peu. Ils faisaient la queue pour le téléphone public. L'un d'entre eux prenait trop de temps. Ils ne se sont pas parlé. Ils se sont sauté dessus. Des animaux.

Les conseillers errent dans l'accueil. Abasourdis. La grille est fermée. Les enragés sont partis. Les policiers ne veulent pas enregistrer la plainte du directeur. Ils lui disent de contacter l'assurance. Pour le store. Puis repartent. Une réunion s'organise sur les décombres de l'accueil. Nos cœurs battent la chamade. Estelle crie toujours. Nous avions prévenu. L'engorgement dû à la suppression du téléphone public et des bornes de pointage de l'agence Assedic engendrait de plus en plus de tensions. Il n'y a pas de personnel disponible pour aider les demandeurs à s'actualiser. Estelle l'a déjà dit. Elle hurle. Elle a peur. Le directeur est une feuille morte. Avec ses cinquante-cinq kilogrammes tout mouillé, il lui a fallu un sacré courage pour s'interposer. C'est un héros. Un héros tout tremblant. Nous rentrons tous chez nous. Demain, il faudra rouvrir la grille.

*
* *

J'introduis la clef dans la serrure. Un quart de tour sur la gauche. La grille se lève dans un crissement d'outre-tombe. Je suis d'accueil. Et j'ai une bonne gueule de bois. Je n'ai rien trouvé de mieux que d'abuser du vin blanc, sous le regard indulgent de mon meilleur ami, pour endormir mes nerfs et me donner du courage. Une grosse femme basanée accoste mon pupitre. Elle a un problème. Elle ne peut pas travailler. Elle approche son visage. Glisse ses yeux dans les miens. Elle ne peut pas travailler car elle ne supporte pas de regarder le sexe d'une femme. Je tente de consulter son dossier. Elle n'a pas son identifiant. Je lui demande son nom et son prénom. Elle n'a pas de prénom. Ses parents ne lui en ont pas donné. Je lui demande de revenir avec son identifiant. Elle me sourit et tourne les talons. Nous sommes mercredi. Les pensionnaires de l'hôpital psychiatrique du coin de la rue ont quartier libre. La journée commence bien. L'un des deux animaux de la veille passe la porte et se range dans la file du téléphone. Je préviens Henry. Au cas où. Mon portable vibre. C'est Cyril. Mon meilleur ami. Je me fais remplacer pour lui répondre. Il est un peu inquiet. Il veut savoir si tout se passe bien. Je le rassure à moitié sur le bord de la grande route, essayant de faire comprendre à un passant que je ne peux pas le renseigner sur les formations, qu'il doit se présenter dans l'agence. Pour me changer les idées, Cyril me raconte sa partie de poker en ligne. Il est plutôt mauvais et c'est assez drôle.

Je retourne à mon poste. La matinée se dissout sans accroc. Jusqu'au dernier client. Qui balance son vieux journal tout sale sur le pupitre en arrivant. Il veut faire une recherche d'offres. Je lui propose de l'inscrire dans un atelier, de prendre contact avec son conseiller pour un rendez-vous ou de revenir le lendemain matin aux horaires d'ouverture du service immédiat. Il ne veut pas. Il veut que je le fasse tout de suite. Je refuse. Il est bien trop désagréable pour que je prenne du temps pour lui sur ma pause-déjeuner. Il me crie dessus. Me menace de faire un scandale. Je ne réponds pas. Il se retient de me gifler et se cloue au milieu des box de réception en hurlant « Je fais un scandale ». Henry sort de son bureau comme un diable de sa boîte. Le mal élevé beugle à qui veut l'entendre qu'il est illettré, qu'il est en droit d'être aidé et que je suis une salope. Il me sort par les yeux. Je me contrefiche qu'il soit trop débile pour apprendre à lire. Et cette façon de croire que tout lui est dû me révulse. Je sors de mes gonds. Traverse l'accueil. Me plante devant lui et lui assène une tirade sur les règles de savoir-vivre, sous-entendant largement que sa mère est une incapable. Et me casse en pause-déjeuner. Henry va lui faire sa recherche d'offres. C'est la leçon à retenir, encore et toujours. Traiter les jeunes femmes de salopes est une méthode terriblement efficace pour se faire cirer les pompes. Cette approbation à moitié dissimulée de la grossièreté et de l'agressivité me répugne. Je n'en peux plus. Je veux un vigile.

***

Hubert est ravi que je puisse me charger seule des entretiens d'inscription. Il a refait tout mon planning pour m'en coller trois journées par semaine. Je ne suis pas mécontente. C'est toujours du temps en moins passé à l'accueil. Je rencontre petit à petit mes collègues Assedic. La proximité des bureaux et le partage de la pause cigarette aidant. Ils sont comme nous. Un peu désespérés.

Un peu au bout du rouleau. Leur cadence de travail est infernale. Ils accusent un retard conséquent dans le traitement des dossiers. La direction nationale a d'ailleurs prévu un jour de fermeture complète pour l'éponger. Ce sera le vendredi 25 août. Pendant cette journée, les équipes ANPE devront se consacrer à la relation entreprise. À l'exception de mon matricule, qui se chargera de la PST.

Mais, pour l'instant, je partage avec eux une délicieuse cigarette dans les restes du chantier qui encombrent la sortie arrière des nouveaux locaux. Quatre jeunes et fringants agents de l'indemnisation et deux charmants CDD se racontent ainsi, dans ce décor de fin du monde, les derniers potins.

Mon premier client me drague un peu avec son joli CV et son costume tout neuf. C'est un avocat analyste financier, spécialiste de la fusion-acquisition. Il vient de finir un contrat avec la Deutsche Bank. Et je me régale en lui racontant que je partage mon lit avec un juriste qui connaît bien ces questions de fusion-acquisition, mais qui est aussi un musicien de génie, ce qui n'enlève rien à son charme. Mon client se dégonfle instantanément comme une grosse baudruche. Et le silence qui règne dans le bureau d'à côté m'indique que mon collègue indemnisation ne perd pas une miette de la conversation. Il attend que le demandeur s'en aille pour passer son grand sourire par la porte. Nous sommes morts de rire.

La petite brune toute frêle qui s'installe ensuite face à moi n'a pas les mêmes raisons de fanfaronner. À peine vingt ans. Fraîchement licenciée par McDonald's où elle s'est usée, deux années durant, à cuire des steaks pour hamburgers. C'est une jeune femme indépendante. Elle a besoin d'un travail. Et vite. Son loyer ne va pas se payer tout seul. Elle n'a aucun diplôme. Elle ne sait pas écrire. Je lui dégote quatre offres de serveuse en restauration et deux d'hôtesse d'accueil. Elle est motivée, pleine de bonne volonté et incroyablement triste à la fois. Je lui parle de la Mission Locale. Elle les connaît. Elle a eu quelques soucis et quelques déceptions avec leurs services. Mais, comme je n'ai rien de mieux à lui proposer, elle me promet de retourner les voir et de réfléchir à un projet de formation. Puis quitte mon bureau. Encore plus frêle. Presque translucide.

Une bonne dizaine de demandeurs prendra place en face de moi aujourd'hui. Ma cadence est bien meilleure. Des jeunes tout frais qui viennent de finir leurs études et qui n'ont aucune idée de ce qui les attend. Un vieux monsieur qui sort de prison. Deux analystes financiers. Un chirurgien dentiste. Une femme de ménage. Une caissière. Une nounou. Des licenciés. Des intérimaires. Des fins de CDD. Ils se disent que ce n'est qu'une formalité. Puis ils déballent leur vie. Leurs angoisses. Leurs échecs. Leurs réussites, parfois. Ils ne laissent pour trace de leur passage qu'un entretien informatique plein de phrases creuses et d'espoirs bancals. Et seuls quelques rares élus resteront dans ma mémoire. Ils sont le visage du chômage. La multitude de vies que la crise perpétuelle dans laquelle nous vivons peut réduire à néant d'un claquement de doigts.

*
* *

Nous avons un petit nouveau. Maxime. Même contrat que moi. Comme Daphné, on me le colle dans les pattes dès son premier jour. Cette fois, je ne me plains pas. J'ai retenu la leçon. C'est comme ça. Maxime a l'air bien plus solide que Daphné. La relève est assurée. Après avoir enduré sa première bavure à l'accueil, il vient me rejoindre dans un box. Je suis censée lui montrer le fonctionnement du logiciel interne. En face de nous, Tentation de la vocation reçoit un employeur. Le ton monte. Il recherche un cuisinier kabyle. Qui sache rouler le couscous à la main. Pour son restaurant de couscous kabyle, cela va de soi. Tentation de la vocation s'acharne, depuis plus de vingt minutes, à lui expliquer les tenants et les aboutissants de la discrimination. Sans succès. Il n'en démord pas. Il n'est pas satisfait de l'offre qu'elle a rédigée la semaine passée. Elle lui explique qu'elle est responsable devant la loi de la légalité des offres qu'elle publie. Et qu'elle refuse d'indiquer que le poste est réservé aux Kabyles. Il finit par rendre les armes. Après l'avoir passablement enguirlandée.

Je lui propose de venir s'en griller une avec nous, histoire de se changer les idées. Elle me raconte les détails de l'histoire. Elle a fini par retirer l'offre pour en rédiger une nouvelle. Quasiment similaire. Mais elle est très fière d'elle. Elle a profité de ce retrait d'offre pour faire une MER+. Une Mise En Relation ayant abouti à un recrutement. En résumé, elle a fait croire au logiciel que la première offre avait été pourvue et que la seconde correspondait à une nouvelle création de poste. Je ne comprends pas bien sa démarche. Elle m'explique que c'est bon pour les chiffres de l'agence. Je lui rétorque que falsifier les données de recrutement et de création d'emploi n'est pas bon pour la France. Et elle me répond, sans se démonter, que la France, on s'en fout. Tout est dit.

Il y a dans ma boîte mail une missive de la plus haute importance. C'est Lætitia qui nous fait parvenir des nouvelles fraîches en direct de la fusion. Dans le Limousin, des procédures de justice sont en cours pour la suspendre. Le tribunal statuera en septembre. La fusion, faite à la hache et sans consulter les représentants du personnel, pourrait donc être purement et simplement annulée. Comme une grosse rature qui ne résisterait pas à un simple coup de gomme. On nous fait donc, chaque jour, démonter l'ANPE et les Assedic alors que Pôle Emploi pourrait disparaître de la face du monde en un clin d'œil. Avec mon badge d'accueil siglé de bleu, je me sens soudainement parfaitement ridicule. Maxime me regarde d'un œil inquiet. Comme moi, il a un gros logo bleu en haut de son contrat de travail. Tout cela n'augure rien de bon. Un des demandeurs de l'accueil est d'ailleurs en train de s'énerver à ce sujet. Il a fait la queue en face. Sous le logo bleu de Pôle Emploi. Pour se voir demander de venir refaire la queue ici, sous le logo vert et rouge de l'ANPE. Il brandit sa convocation, pour expliquer à Charlotte qu'elle s'est trompée de logo en imprimant son courrier. Les demandeurs savent aussi faire preuve d'un bon sens déconcertant.

Charlotte m'interrompt d'ailleurs dans mon nouveau travail de formatrice. Elle a une convocation pour moi. Un rendez-vous. J'ouvre de grands yeux. Je n'ai pas de rendez-vous aujourd'hui. Je suis planifiée en ZT. Zone Technique. Elle n'a pas le temps de s'en occuper. Dépose le papier sur mon bureau. Et retourne verser de l'eau sur la file d'attente qui prend feu. Maxime n'ose rien dire. Je consulte RDV Agence. Notre agenda spécialement dédié aux entretiens. Pas de trace du plus petit bout de rendez-vous. La convocation est pourtant limpide. Et c'est bien mon nom qui est inscrit dessus. J'ouvre le dossier du demandeur. Je ne le connais pas. Du moins, je ne m'en souviens pas. Mais je ne vais pas le renvoyer chez lui au prétexte qu'il a reçu une convocation surprise.

Je le reçois donc, en hésitant un instant à présenter Maxime comme mon secrétaire personnel. Ce qui ferait très chic. Il s'agit manifestement d'un entretien de suivi mensuel. Mais le gros bonhomme mal rasé, qui se tient en face de moi avec une mine patibulaire, ne sait pas quoi répondre quand je lui demande où il en est. Il ne parle pas français. Son interprète, une amie à lui, est restée à l'accueil. Je vais donc la chercher. Lui trouve une chaise. La laisse s'installer et lui demande de traduire. C'est laborieux. Il ne veut pas entendre parler d'un accompagnement, ni de cours de français, il n'a pas apporté son CV, il est cuisinier mais ne veut travailler que dans un restaurant kurde. C'est dommage, il m'aurait dit kabyle, il aurait eu un travail. Maxime fait bruyamment semblant de tousser pour cacher son petit sourire moqueur. Je laisse tomber. Il refuse toutes les offres que je lui propose. J'en débusque quand même une pour un traiteur spécialisé dans la cuisine kurde. Il n'est qu'à moitié content. Je le laisse repartir. L'entretien a duré quinze minutes. Maxime rigole doucement.

Il nous reste un peu de temps avant la fin de la journée. Je veux montrer à notre nouvelle recrue quelque chose de merveilleux. Dans le grand bureau au fond de la zone technique. Derrière la dernière table. Rangé sur la plus haute étagère de l'armoire. Le saint des saints. Le Florilège. Un classeur jaune rempli au fil des années, patiemment, méticuleusement, par tous les conseillers de l'agence. Des pages et des pages. Le meilleur du pire. La crème de l'absurde. Les plus terrifiantes candidatures. Les plus ridicules courriers de recours. Les plus scandaleuses offres d'emploi. Une mine d'or. Une bible. J'ai déjà passé des heures, à moitié assise sur le bureau, à déchiffrer ces perles de Pôle Emploi. Je les connais par cœur.

Le demandeur qui s'excuse de son absence en expliquant qu'il était bien trop absorbé par sa préparation pour le marathon de Paris et en précisant son numéro de dossard.

Ce mail de demande d'emploi de deux pages tout en majuscules sobrement intitulé « SOS-DE RECRUTEMENT (La ou vous voulez... et que vous voulez) », et qui commence ainsi : « Bonjour ou bonsoir, selon le temps réceptionnaire de ma demande d'emploi, j'ai l'honneur de se présenter à votre haute tous en espérant que votre générosité qui non pas seulement va me sauvait la vie mais, aussi a aider mon père âgé et malade et ma famille qui besoin de votre aide que je l'espère... ».

Cet autre demandeur qui affirme avoir déposé une plainte au tribunal administratif contre Pôle Emploi, accusant un membre de l'équipe d'être névrosé et de vouloir lui nuire personnellement en le radiant abusivement et en lui coupant ses indemnités. Un rapide coup d'œil dans son dossier : pas de radiation, les allocations tombent tous les mois. Le demandeur est même en train de suivre une licence professionnelle financée par nos services. Incompréhensible.

Cette lettre d'une demandeuse qui explique qu'elle ne participera pas à la formation que nous lui proposons car ce n'est pas dans la ville où elle habite et qu'elle n'a aucune idée de comment s'y rendre en transports en commun. Le centre de formation est à moins d'un kilomètre de son domicile. Même à pied.

Ce demandeur qui rature et nous retourne nos offres. Pour un CDD de trois mois : « Aux termes du code du travail, les contrats de travail ne peuvent excéder au moins six mois. » C'est limpide, un contrat ne peut durer plus que moins de six mois. Ou moins que plus de six mois. C'est au choix. Pour un emploi d'agent de service hospitalier, sur un contrat de deux jours par semaine, le samedi et le dimanche, rémunéré au SMIC horaire : « Proposition inacceptable pour cause de salaire insuffisant. Aux termes du code du travail, le week-end est considéré comme jour de repos. » Le code du travail a le dos sacrément large.

Ce travesti qui n'hésite pas à mettre une photographie explicite sur son CV d'assistante de direction.

Les offres qui rougissent toutes seules. « Vous assurez le contrôle et l'animation d'une messagerie rose. »

Et, pour finir, mon favori, celui qui se fend d'un courrier pour nous expliquer qu'il ne veut pas rembourser son trop-perçu, car « donner, c'est donner, reprendre, c'est voler ».

Un autre monde se dessine entre les pages usées d'avoir été trop lues du Florilège, rempli de fous poétiques et grotesques, qui dansent sur un fil tendu vers la Lune. Vers une autre réalité. Si lointaine et si proche à la fois.

Je laisse Maxime se délecter. Je rentre chez moi pour préparer une petite soirée aux oignons à mon homme. Porte-jarretelles et bordeaux rouge. Son hôtel particulier du XVIe arrondissement a un escalier magnifique, une très belle verrière en vitrail et aucun demandeur d'emploi, caché dans les placards, en train d'écrire des courriers farfelus, mais ce n'est rien de mieux qu'un bureau dans lequel il passe ses journées à s'abîmer les yeux sur des dossiers plus lourds qu'une gazinière. Il mérite largement de mettre ses pieds sous la table et ses fesses dans le lit.

***

La fusion est sur les rails. Les grandes manœuvres des ressources humaines sont finies. Les nouveaux directeurs de sites sont nommés. Ils prennent leurs postes cette semaine. Mon directeur s'en va. Il emporte ses bouquins, ses petites blagues piquantes et sa chemise déchirée dans une autre agence. Nous n'avons pas le temps pour un pot de départ. Pas le temps de le remercier. Pas le temps de lui dire que nous avons aimé travailler avec lui. La fusion court à perdre haleine. Elle brise tout sur son passage.

La nouvelle équipe dirigeante ne se présente pas en

arrivant. Nous en avons deux pour le prix d'un. La configuration Pôle Emploi est un gros serpent à deux têtes. Notre numéro un est une ex-Assedic, une grosse bonne femme fatiguée. Notre numéro deux est une ex-ANPE, une vieille bonne femme fatiguée. Je la prends pour un demandeur lorsqu'elle passe la première fois sous mon nez. Et manque de lui interdire l'entrée de son bureau. Qui n'est pas vraiment son bureau, d'ailleurs. Directrice et directrice adjointe ont pris leurs quartiers dans les locaux d'en face. Nous n'avons plus de personnel dirigeant sur place. Même Geneviève, promue pour l'occasion directrice adjointe-adjointe, est délocalisée. En cas d'urgence, il faudra se débrouiller seuls. Ou demander aux fous dingues d'attendre que nous allions chercher notre directrice avant de tout casser.

Au bout d'à peine une semaine, les collègues d'à côté sont épuisés. Le teint brouillé. Des cernes de morts vivants. Les lèvres blanches. La nouvelle direction intensifie la cadence. Raccourcit les entretiens. Augmente la charge de travail. Elle applique les directives dont nos précédents directeurs nous protégeaient. Ils se gardaient bien de nous le faire savoir et nous découvrons, avec leur départ, l'ampleur des dégâts. Heureusement, on se préoccupe peu du côté ANPE de l'équipe. Nous formons une sorte de groupe autogéré, un peu de guingois, caché dans de vieux locaux surchauffés.

Mais nos réunions se tiennent dorénavant sur le trottoir d'en face. La fusion n'est plus une chimère. Elle est bien réelle. Notre vendredi après-midi commence donc sur les chapeaux de roues par une distribution de grilles de statistiques. Qui comparent les agences du département. Côté placement, il s'agit des demandeurs non affectés à un portefeuille après un mois d'inscription. Notre agence obtient un score catastrophique. Il s'agit de redresser la barre au plus vite. Sauf que ce chiffre ne veut rien dire.

Comme Hubert nous l'explique, notre agence a pour habitude d'affecter les demandeurs dans leur deuxième mois d'inscription. Pour une raison très simple. Les demandeurs n'entrent dans le suivi mensuel qu'au troisième mois. Dans l'intervalle, ils n'ont pas besoin d'un conseiller référent. Comme une part non négligeable d'entre eux retrouve un travail avant ces délais, procéder à l'affectation le plus tard possible évite de perdre du temps en manipulations informatiques inutiles pour répartir des demandeurs qui vont retrouver un emploi et n'entreront jamais dans le suivi mensuel. On est donc clairement en train de nous évaluer sur des statistiques qui n'ont aucun sens. Et qui, de plus, ne sont pas représentatives de notre travail mais d'une simple validation informatique. Je lève poliment la main pour faire remarquer cet état de faits. La directrice est d'accord. Ces chiffres ne disent rien d'intéressant. Mais elle tient tout de même à faire les modifications nécessaires pour obtenir une note correcte. Ce sont les chiffres sur lesquels nous sommes évalués. Des chiffres à la noix.

Le gros tableau remis aux collègues indemnisation souffre des mêmes défauts. Je ne comprends rien à leurs explications. Mais quand Bruno prend la parole, fiévreux et épuisé, pour expliquer qu'il refuse de réaliser les entretiens d'inscription en dix minutes, qu'il refuse d'être transformé en robot et de renoncer à toute possibilité de relation humaine avec le demandeur, je comprends tout à fait son propos. La salle entière bouge, soulevée par un mouvement d'approbation. Les chaises grincent et les papiers se froissent. Mais la directrice est inflexible. Elle applique les consignes.

Elle nous a gardé le meilleur pour la fin. La mise en place de l'accueil unique. L'accueil de l'agence ANPE va être fermé. Mais l'équipe ne va pas déménager dans les nouveaux locaux. Il n'y a pas assez de place et les syndicats bloquent toujours l'ouverture des sites mixtes. Les demandeurs se présenteront tous sous le logo Pôle Emploi de l'agence Assedic. Ceux ayant un rendez-vous avec nous retraverseront la rue. Un interphone sera installé sur notre porte. Un grand silence s'abat sous le plafond de Placoplâtre. Cécilia n'arrive plus à déglutir. Nous avons atteint les limites de l'absurde. La direction est bonne pour l'asile. C'est l'idée la plus stupide que j'aie jamais entendue. Et pourtant, depuis que je travaille pour Pôle Emploi, j'en ai vu des vertes et des pas mûres. La réunion se disperse sans bruit. Nous sommes abasourdis. Plus rien n'a de sens.

Les demandeurs rencontrent déjà beaucoup de difficultés pour accéder à un conseiller. Et voilà qu'on leur rajoute un interphone. Pôle Emploi se fiche de nous. Pôle Emploi se fiche de ses clients. Je rentre chez moi en colère. Cécilia sur les talons. Nous partageons une bière particulièrement amère. Sa fraîcheur ne nous apaise pas. Notre constat est sans appel. L'interphone ne tiendra pas une semaine. Il sera brûlé, torturé, exécuté.

***

Mon homme m'invite au théâtre ce soir. Je suis en avance et il pleut un peu. Je flâne lentement dans les rues du Marais. Tout est beau et j'oublie ces horribles histoires d'interphones sadiques. La moindre petite boutique est un bijou de précautions. Les grandes pierres centenaires des murs diffusent une lumière douce. Les gens discutent dans la file d'attente, devant le guichet fermé. Mon homme arrive. Il a passé une bonne journée. Le théâtre est minuscule. Un mouchoir de poche qui se remplit de grands trentenaires très parisiens se pliant en quatre pour se glisser sur les bancs. Nous venons voir Fred Trémège. Humoriste talentueux. Son spectacle est un régal. Et je me surprends dans de grands éclats de rire. Sa parodie d'exercice de recrutement est un délice. Mon homme pose sa main sur ma cuisse. Et quand le sketch infernal sur le chef d'entreprise fou de libéralisme s'achève sous une pluie d'applaudissements, il dépose dans mon cou quelques baisers tendres et chauds.

La pièce était splendide. Nous rentrons à pied, malgré la pluie, replantant le décor dans les rues de Paris, retrouvant les tirades endiablées qui nous ont fait tant rire. C'est une belle nuit d'été. Et nous nous arrêtons pour boire un verre à la terrasse d'une brasserie de l'avenue des Gobelins. Le spectacle était ouvertement politique. Une poésie au vitriol du monde de l'entreprise. Les glaçons de mon cocktail fondent doucement. Je trouve bien des parallèles avec mon propre travail. Mon homme aussi. Et nous entamons une dissertation à quatre mains sur les mérites comparés des différentes ambitions professionnelles. L'argent. La reconnaissance. La position sociale.

Puis tout s'arrête. Le bruit de la rue. Les discussions des clients. Les allées et venues du serveur. Nicolas me quitte. En une seule phrase. Mon cœur se pétrifie. Je ne comprends pas. J'essaie de lui parler. Il se lève pour héler un taxi. Je lui dis que je ne veux pas. Il me glisse dans les mains de quoi payer la course. Me fait monter dans la voiture. Donne l'adresse de mon meilleur ami. Et claque la portière.

Le chauffeur se retourne. Me demande si monsieur vient avec nous. Je balbutie une réponse inaudible. Il démarre. Je fonds en larmes. Des larmes millénaires. Venues de l'origine du monde. Intarissables. Le chauffeur s'arrête. Me fait monter à l'avant. Je pleure dans ses bras. Longtemps. Sur l'avenue des Gobelins. Dans la douce nuit d'été. Nicolas est parti.

Quand je suis enfin arrivée sur le palier de mon meilleur ami, il ne me restait plus une goutte d'eau à pleurer. Cyril a eu bien du mal à croire à cette rupture soudaine et m'a laissée habiter sur son canapé. Il m'a fallu dix jours pour réussir à franchir le seuil d'une station de métro et à rentrer chez moi. J'ai revu Nicolas lorsqu'il est venu chercher ses affaires. Ce soir-là, j'avais beaucoup bu et Cécilia m'a tenu la main jusqu'à son départ.

J'ai changé notre lit de place. Il fait beaucoup mieux dans la pièce, maintenant. Et je suis retournée à Pôle Emploi.

J'ai continué à recevoir les demandeurs, à les inscrire, à les renseigner, à tenter de les comprendre, à rédiger leur CV, à leur imprimer des offres. J'ai continué à me faire bousculer, à craquer à l'accueil, à pleurer dans la cuisine, à fumer le long de la grande route, à rentrer chez moi épuisée, à chercher Cécilia dans tous les coins, à faire fondre mes cauchemars sur les dalles de la terrasse, à boire du thé à la bergamote, à maudire Tentation de la vocation, à rêver du Transsibérien, à envoyer des convocations, à demander des justificatifs, à arriver en retard, à me mettre en quatre pour un demandeur souriant, à manger des salades tomates-mozzarella et à parler de mes problèmes au micro-ondes. Plus rien n'avait d'importance. J'ai continué ainsi, les yeux bandés, pendant un mois, jusqu'au dernier jour de mon contrat.

Puis j'ai appelé le 3949 qui ne m'a pas comprise lorsque j'ai prononcé le mot « inscription ». J'ai recomposé trois fois le numéro avant d'obtenir un opérateur. J'ai fini par décrocher un nouveau numéro d'identifiant et une date pour mon rendez-vous d'inscription. Nicolas a apporté le champagne. Il tenait à fêter mon chômage libérateur, la fin de mon calvaire. Nous avons discuté du bon vieux temps, des histoires absurdes des demandeurs, des balades dans le Berry, de la peinture de la salle de bains. Et nous nous sommes endormis. Chacun de son côté. Les rêves pleins de bulles dorées.

*
* *

Les dalles de ma terrasse sont encore un peu chaudes. Le ciel est humide et le vent d'automne joue dans les arbres. Nicolas a appelé. Il a quelque chose à me dire. Quelque chose d'important. Je lui ai donné rendez-vous dans la soirée.

J'ai appris ce matin que Bruno, mon ancien collègue de l'indemnisation, avait tenté de se suicider. Je ne connaissais pas bien Bruno, mais je sais ce qui se cache dans les ombres qui le tourmentent. Pôle Emploi.